Animal assisted therapy

アニマルセラピー実践

——その構築に関わるコーディネーターの役割——

CONTENTS

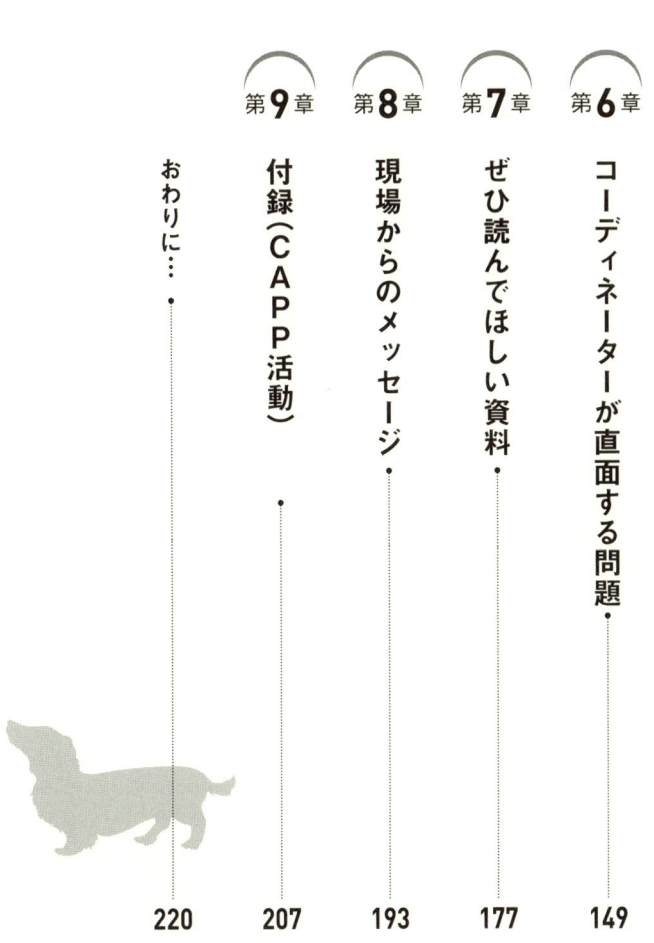

第1章

AAT、AAA、そして癒し効果

近年、我が国においても、動物が人間の健康に与える様々な影響に関心を抱きはじめた人々が増えつつあるようです。しかし、この「増えつつある」という言葉は、むしろ現状をあまり正確に表現していないかもしれません。

「アニマル・セラピー」なるものは、この10年の間にしばしばマスコミなどにも取り上げられ、各方面において講演会やシンポジウム等の題材とされてきました。その結果として、今や一種の流行語のように扱われているような気がしないでもありません。では、その内容はどのようなものか、と一瞬足を止めて考えてみると、それを説明するような「定義」はどこにも見つからないのです。「動物は人の心を健全にする」、「癒し効果がある」、「人の動作を誘う動機付けになる」等々、様々な周辺的な説明はなされていても、それは一体どのようなものであり、その中身にはどのような要素が含まれているのか、といったことをはっきりと理解させてくれるような資料が非常に少ないのです。

そこでまず本書の主題である『コーディネーターの役割』について述べる前に、いくつかの定義を明確にしておかなければならないでしょう。

はじめに、マスコミ等で取りざたされている「アニマル・セラピー」という言葉はあまり正確なものではありません。動物が人間の健康の維持に役立つということを考える時に

は三つの言葉を区別して使わなければなりません。

その一つめがアニマル・セラピーならぬ、「アニマル・アシステッド・セラピー」です。これは日本語では「動物活用療法」と訳されたこともありますが、現在では「動物介在療法」が最も広く用いられている訳語のようです。次に「アニマル・アシステッド・アクティビティ」で、「動物介在活動」という訳語が広く用いられています。その他にもう一つ、「癒し効果」という言葉を前述の二つの用語とは別に捉えるようにしなければなりません。

さて、この三つの言葉の中でまず一番はじめに取り上げなければならないのが、動物の存在が人間にもたらす「癒し効果」です。これがあればこそ「療法」も「活動」も成り立つのです。むろんこの効果自体はそれらの範囲にとどまることなく、人と動物とが接するところであればどこにおいても現れるものです。例えば、家庭で飼っているペットが飼い主家族にとって精神的な支えとなったり、健康を維持するために重要な笑いややすらぎをもたらしたりする、ということはしばしば言われていることです。しかし、これをセラピー効果と言って、「我が家もアニマル・セラピー」などという標語を作られてはたまりません。セラピーという言葉をキャッチ・コピーのように使用してはいけないと言うわけではありませんが、この使い方は大きな誤解を招いてしまう恐れがあるのです。後で説明をしていきますが、療法とは医療行為であり、この分野を正確に理解するためには、それは他と区別して使い分けていかなければならない言葉なのです。

しかし、当然、動物とともにいれば人間はどのような場合においても何らかの影響を受けるわけであり、そのすべては「癒し効果」などの言葉で表現するべきでしょう。ただし、癒し効果そのものは自動的にどのような場合にでももたらされるとは限りません。そもそもそれは一体どのようなメカニズムのことを言うのかを考えてみましょう。

人間は原始の時代から、地球を他の動植物と共有してきました。そして人間は、それら自分とは異なる様々な生命体の存在を常に意識しながら生活を営んできたのです。植物の変化で四季の移り変わりを感じ、その育ち具合で気候や風向きをはじめとした幾つもの情報を読み取ってきました。動物の姿や動向なども同様で、人間にとってはきわめて有効な情報源だったのです。

森林の小動物が慌てふためく様子は、異変の前兆とされたかもしれません。あるいはそれを見た人間は、自分たちにとっても敵と恐れる捕食性の猛獣の接近を察知することができたのかもしれません。またそれとは反対に、小鳥がさえずる様子を目や耳で感知し、鳥が落ち着いて歌うことのできる環境は、当面自分たちにとっても危険をもたらすことはないであろうと考えたりもしたのでしょう。草食獣の群れがゆったりとくつろいでいる草原を目の当たりにした人間は、ここでは自分たちも少々肩の力を抜いても大丈夫だろうと判断したのかもしれません。

いずれにせよ原始の時代において動物や植物の存在は、人間にとっていわば環境のバロメーターの一つであったと言えるでしょう。ということは、そのバロメーターの状態によって、人間はプラスの信号もマイナスの信号も受け取ることができる、ということなのです。つまり動物だけを例に挙げてみれば、その落ち着いた姿、楽しそうな姿、満足している姿、言い換えれば「良好な状態」にある姿はプラスの信号を発し、人間に対して「この環境は暮らしやすい」あるいは「肩の力を抜いても大丈夫」等々のメッセージを送っていたのです。それとは逆に、動物が慌てふためく姿、苦しむ姿、恐怖を示す姿、つまり「良好ではない状態」にある姿はマイナスの信号となり、人間に対して「ここにいるとあなた方にも災いが降りかかりますよ」というようなメッセージを送っていたに違いありません。

そして、これら動物による環境のバロメーター的役割こそが、彼らが人間に与える影響の根本を成すものなのです。療法、活動、そしてペットとの生活、学校動物や展示動物との接触に到るまで、人間がそこからプラスの影響を受けるためには、動物自体が心身ともに良好な状態になければならないということなのです。動物がストレスを感じていたり、不安や恐怖を抱いていれば、それはおのずから環境に関する「黄」もしくは「赤」信号として人間に伝わっていくのであり、それを受けた人間は心身ともにマイナスの影響を感じ取ってしまうのです。これは意識的にそれを感じることがなくても、確実に与えられていくものなのです。何万年もの間培われてきた、環境因子を読むという人間の自然な能力は常時機能しているのです。

そこでもう一度「癒し効果」に話を戻すと、より鮮明にそれが一体何であるのかが浮かび上がってくるはずです。子供たちの情操教育などという建前で飼った犬を、庭に鎖でつないだままにする家族。同様に、手入れの行き届かない小屋の中に過密状態で飼育されている一部の学校のうさぎたち。常同行動を繰り返す動物園の動物たち……。こういった状況が周囲の人間たちにどのような影響を与えているのか、それを考えると空恐ろしくなります。また訪問活動や介在療法の現場においても、その中で楽しく、安心して活動できるような性格の動物を選択しなければ、何の効果も挙げることはできないということも言うまでもありません。訪問活動や介在療法は動物虐待である、と主張する愛護家は、前述した原始の血の説を理解していないということになるのです。嫌がる動物や拒絶を示すもの

犬、猫以外の動物もすべて人の手を楽しむことができなければなりません

をこの種の活動に用いることは、動物のみならず人間にとっても悪影響を及ぼす結果になるのです。生活に活気や刺激がないと、退屈のあまり自虐行為（毛を自分で抜いてしまう等）を展開させてしまうという動物もいます。そのような性格のものを閉じ込めて、真綿にくるんだような生活をさせることも虐待行為であると言えるでしょう。後に活動の適性審査の話をしますが、動物飼育そのものの基本は、個々の性格にあった生活を提供してあげることなのです。

話が長くなってしまいましたが、まず、はじめに定義されるべき癒し効果の内容は前述のとおりです。それは人間と動物のあらゆる接点、ペットの飼育、訪問活動、介在療法等すべてに普遍的に存在するものであり、言わば傘のようなものです。そしてその下に特定の分野として動物介在療法と動物介在活動があるのです。

動物介在療法、アニマル・アシステッド・セラピーは通常ＡＡＴと呼ばれています。このアニマル・アシステッド・セラピーという言葉自体は、１９７０年代に欧米の専門家たちによって用いられはじめたものです。もとはアニマル・ファシリテーテッド・セラピー（動物によって円滑化される療法）などとも呼ばれていましたが、徐々にＡＡＴという用語が世界各国で共通の用語として用いられるようになっていったのです。

その内容は文字どおり、人間に対する医療行為の中で動物がある役割を果たす、ということなのです。ここでのキーワードは「人間に対する医療行為」、もしくは「療法」です。これは法的にも素人が手を出すことのできない分野である、という基本的な理解が、まずAATを定義するにあたっては必要となります。動物が持つとされる社交の潤滑油効果、ストレス緩和効果、また動物に触れたいという人間側の強い欲求等々を活用して、リハビリテーション、心理療法、在来療法の円滑な受け入れをはじめとして、様々なかたちで人間の医療に役立てていくことが可能なのですが、これはすべて人間の医療に関わることができる「有資格者（医師、看護師、各種療法士等）」の指揮のもとに行われなければならないのです。

AATとは、その対象となる患者の選択、治療方針の設定、その中における動物の役割、実施に際する現場での監督や指導、用いられた療法の効果の評価等々を、すべて人間の専門家が主として行わなければならないのです。そうでなければ「療法」と正確に定義することはできません。特に米国などにおいては患者の医療保険に関わってくる問題でもあり、有資格者が行っていないものを「セラピー」と呼ぶこと自体許されるべきことではないのです。

ＡＡＴの現場では、動物とそのハンドラー（飼い主）は、あくまでも医療行為を施している人間の指示に従って行動しなければなりません。患者の状態を把握しながら治療を進めている専門家以外の人間が、勝手に動くことはきわめて危険なことでもあるのです。

では次に、動物介在活動にはどのような違いがあるのでしょう。

動物介在活動、アニマル・アシステッド・アクティビティはＡＡＡと呼ばれているものであり、ＡＡＴの発達とほぼ同じ経過をたどってきているのですが、その実施体系や責任の所在が若干異なるのです。

ＡＡＡは患者のレクリエーションなどの一環として用いられる活動の一つであり、折り紙教室、コーラスによる慰問などと同様、動物を連れたボランティアの医療施設、教育施設等への訪問です。動物と触れ合う型のものもあれば、動物が芸などを披露する見学、見物を主体としたものなどもあります。

ＡＡＴの責任の所在が医局にあるとすれば、ＡＡＡの場合はレクリエーション等の担当者が責任を持つことになります。医療行為ではないので、活動に関わる施設の職員も有資格者であるとは限りません。しかしその内容を見ると、ＡＡＴと非常に類似したものもあるのです。例えば犬のために患者がボールを投げ、そのボールを犬が患者の手元まで持って帰って来るという「持来ゲーム」などが現場で行われていますが、理学療法士、作業療法士が指導をするリハビリテーションの現場でそれが行われることもあれば、動物たちと楽しく遊ぶための手段として訪問活動の場で実施されることもあるのです。つまり動物とハンドラーがやっていることは同じであっても、周囲の体制によってその定義は変わってくるのです。これは、何も動物が介在する活動だけに限られたことではないでしょう。例えば「お絵かき」を遊びとして子供たちに行わせることもあれば、これを療法や診断の道具として専門家が用いる場合もあるわけです。そしてそれら両方を網羅する「傘」として人間の自己表現の一手段である絵画という概念があるのです。まったく同じというわけではありませんが、人と動物の相互作用にも特定の実施方法や枠組みに基づいたものもあり、それはそれとしてあいまいにしておかず、はっきりと定義しなければならないし、それ以外の接点もまた様々な形で存在する、ということも認めなければならないのです。

ただしここで決して忘れてはならないのは、すべての根本は原始の血の説であるということと、人と動物の触れ合いの手段そのものに上下の差をつけてはならない、ということでしょう。前者はすでに説明したとおりであり、再度ここで繰り返す必要はないでしょう。後者は「AAAとAAT、どちらが上であるか」というような無意味な議論はしないではしい、という訴えなのです。またそれだけではなく、癒し効果を自分のペットから十分に受けている、でもそれを「セラピー」という言葉で語らなければ「格好が悪い」などと思うことも愚の骨頂なのです。どれも非常に意味のあることであり、ただ単に目的や実施方法の違いからその呼び名を変えている、というだけのことなのです。またＡＡＡ、ＡＡＴいずれの場合においても、その場にいることに不安を感じることのないように、人と接するための十分なしつけをされ、健康状態も良好な動物が、人間に対して最良の恩恵をもたらしてくれる、ということに変わりはありません。

　どちらに参加するにあたっても、ボランティアと動物たちは厳選されるべきでしょう。同じ医療施設や準医療施設に入るわけですから、動物やボランティアの質はＡＡＡ、ＡＡＴ双方において同等の水準のものが確保されなければなりません。これもまたしばしば誤解されている点のようです。活動であるから療法よりもゆるい基準がボランティアや動物たちにあてはめられるわけでは決してありません。またＡＡＡがＡＡＴの「準備段階」のように思われていることもあるようですが、これも決してそうではありません。確かにＡＡＡをきっかけにＡＡＴをはじめたい、と考えるようになる施設もあるのですが、基本的には本書の中で説明をしていく「プログラム・コーディネーション」の一環として、ＡＡＡか

モルモットも人間におびえているようでは訪問はできません

ＡＡＴかのいずれかを専門家が協議して選択するところから、まずはじめていくことが正式な手順なのです。

近年ＡＡＴ、ＡＡＡに加え、その傘となるＡＡＩ（アニマル・アシステッド・インターラクション）という言葉が学会などに登場するようになりました。動物を介在させる活動全ての総合的なタイトルとして用いられています。

こういったことも含めた様々な情報が常に提供され続けるＡＡＡ、ＡＡＴの世界を、「コーディネーター」という人間の作業をとおして明確化していくことが本書のねらいです。

第2章

AAA、AATコーディネーターとは

施設や医療の現場に動物を入れたいと思っても、それは一夜にして実現することではは決してありません。動物を入れることに関係のある様々な因子を一つ一つ検討していかなければ、良質のプログラムは成立しないでしょう。そこでまず、はじめにそれらの主な因子を挙げてみましょう。

その一つは「施設評価」です。動物を入れることを望んでいるすべての施設がそれに適しているとは限りません。ゆえにＡＡＡ、ＡＡＴを実施するという決断を下す前に、まず施設そのものの受け入れ態勢を評価する必要があるのです。例えば、動物を連れたボランティアの多くは車で施設にやって来ます。この人たちが使用できる駐車場はあるのか、そこから施設の建物へのアクセスはどうであるのか、等々のような単純なことでもプログラム実施の難易度に大きく影響してくるのです。ＡＡＡ、ＡＡＴ実施のための、様々な教育カリキュラムやマニュアルの作成で定評のある米国のペット・パートナーズでは、この施設評価を「サイト・アセスメント」と呼んでおり、プログラム導入の準備においてはきわめて重要な作業として位置付けています。施設評価を実際に行う場合にどのようなポイントを押さえなければならないのかは、後の章で説明をしていきます。

次に大切な因子は、ある意味では施設評価と密なつながりのある「対象群の選択」です。

施設の評価には、当然その中で暮らしている人または働いている人たちのアセスメントも入っているわけですが、それとは別に、AAA、AATのプログラムを一体「誰のため」に作り上げていくのかを早い段階で考えておく必要があります。それによってプログラムの内容、規模等が相当変わっていくからなのです。

そして「誰のため」の他にもう一つ大切な因子は、「誰が実施するか」です。これは施設の担当者のことではなく、ボランティアと動物の確保のことなのです。前の章においても簡単に触れましたが、動物は活動に参加するための適性審査を受けなければなりません。正確には動物というよりも、動物とその飼い主であるボランティア・ハンドラーがチームとして適性審査を受ける必要があるのです。ペット・パートナーズでは「アニマル・エバリュエーション」というシステムを開発し、適性審査を行う審査員の認定を行い、米国で全国的に、このようなプログラムに参加を希望する飼い主と動物のチームの審査活動を展開させています。むろんこれは任意の基準であり、ペット・パートナーズの適性審査合格証がなくともAAAやAATに参加することはできます。しかし近年米国においては、ボランティアや動物の質の問題に関心を抱きはじめた施設や病院もあり、それらを対象として活動をしている多くのボランティア・グループなどでは、ペット・パートナーズの審査を合格したもの以外の参加は認めないところも出てきたようです。この審査の内容についても、また別の章で説明していきます。

もう一つ大切な因子は、ＡＡＡ、ＡＡＴに関わる人々の間のコミュニケーションです。例えば、ＡＡＴはチーム医療です。人間の治療の専門家が必要であると同時に、動物の専門家も必要です。動物の健康状態を把握する獣医師、適性を検討する行動学等の専門家、そしてボランティア・ハンドラーと動物自身。また医療以外の担当者である、施設の他の職員がチームに加わることもあるでしょう。この人々の間で一つのプログラムが円滑に運営されなければならないのです。様々な決定を下す際には、これらの人々が協議を重ねる必要がある場合もあるでしょう。そして、そのまとめ役として登場するのが、ＡＡＡ、ＡＡＴコーディネーターです。

やや前置きが長くなってしまいましたが、「サイト・アセスメント」や「アニマル・エバリュエーション」の実施、もしくはそのお膳立てをするのもコーディネーターなのです。言い換えれば、ＡＡＡ、ＡＡＴのプログラムを組み立てるために必要な各因子を確認し、適所にあてはめていく、という作業をコーディネーターは実施していかなければならないのです。

「サイト・アセスメント」や「アニマル・エバリュエーション」のように、決まった手順のあるものは後に一つずつ説明していくとして、その他コーディネーターの作業の中心を成すものはどのような事柄であるのかを見ていくことにしましょう。

コーディネーターの最も大切な役割は教育者になることです。それはどのようなことかと言うと、コーディネーターは様々な集団に対して、教育及び必要な情報の伝達を行わなければなりません。例えば医療関係者、施設の職員、ボランティア等々、全員に対して、動物介在活動、動物介在療法とは一体どのようなものであるのか、その定義及び概要を説明するところからコーディネーターの仕事そのものが始まります。第一章の内容等を含むAAA、AATの説明を関係者全員に理解してもらわなければ事は進みません。このような情報を参加者が共通の基盤として有することによって実際の活動が支えられるのであって、それをなくしてはしっかりとしたプログラムを築き上げることはできません。

またAAA、AATに関する基本的事項のみならず、その他の情報を含んだ教育も必要となってきます。例えば、医療施設等に動物を入れる時には必ずと言って良い程、「感染症」の不安が口にされます。施設で実際にプログラムを予定し、活動を開始する前の準備段階としては、このような懸念に対応するための教育も必要なのです。この場合には、獣医師もしくは感染症の専門家に、人畜共通疾患に関する講義をしてもらうというような対応が望ましいと思われます。施設を訪れるような種類の動物と人間が、共通して感染する病気は何か、その予防手段は、等々の情報を施設の職員に聞いてもらうことで、逆に彼らが動物に対して非現実的な疑問を抱くことがなくなるのです。

その他に、ボランティアの教育もきわめて大切な事柄ですが、これもどこまでコーディネーター自身が行えるのか、また何を他の専門家に任せた方が良いのか、ということをしっかりと考えておく必要があります。当然、AAA、AATの基本概念を説明するのはコーディネーターであるべきでしょうが、ボランティアにはその他に知っておかなければならないことが多々あるのです。その一つの例として、病院や施設にはそれぞれ「ボランティア（AAA、AATに限らず、一般のボランティア全員）」に出される条件や規則があるはずです。その中には衛生上の配慮に基づいたものもあれば、患者の人権やプライバシーに基づいたものもあるでしょう。それはコーディネーターというよりも、むしろ施設の職員に任せなければならないボランティア教育の一端です。また、感染症管理の基本、自分たちの動物のストレス管理やその見分け方などは、獣医師などの専門家が行うべき教育でしょう。

さらに動物が施設に入ってAAA、AATに参加する場合、直接的な関わりをもつこと

心身ともに健康な犬は飼主にも良い影響を与えます

になる関係者以外の人間とも遭遇することになります。その際に「こんな所で犬・猫が一体何をしているのだろう」というような反応が、何も知らずにいた職員から出てしまう可能性も十分にあります。小規模な施設の場合には、前述したような人畜共通感染症の講義などの際に大半の職員を集め、どのようなことが行われようとしているのかを説明することもできるのですが、大きな施設の場合にはこれは不可能となるでしょう。ゆえに、職員全員にある程度の情報が行き渡るようにするため、職場内のニュースレター、掲示板等が利用できるのか、他にはどのような手段があるのか、などを検討する必要があります。例えば、ＡＡＡ、ＡＡＴの基本概念に関する説明会にはできるだけ多数の職員に参加してもらう必要があるのですが、主だった職員のみにしか直接語りかけることができなければ、施設内の回覧物のボランティア紹介欄などを活用することもできるでしょう。職員たちに対する働きかけの中で、重要な要素の一つは「苦情処理機能」です。調理または清掃の担当者たちが、動物の出入りについて懸念を抱くことは当然のことでしょう。体毛が落ちる、排泄の事故が起こる等々、彼らが心配するであろう事柄は多々あるのです。それらは決して起こってはならないことなのですが、ボランティアと彼らが連れてくる動物たちの双方が、しっかりと教育されていることをどれだけ口にして説明しようとも、「もしかすると……」

の疑念を職員たちの脳裏から消してしまうことはできないでしょう。そのためにも、苦情をしっかりと受け止める体制があることを知らせ、彼らを安心させる必要があるのです。実際の苦情処理の方法に関しては、それらがコーディネーターに確実に回ってくるようなシステムをあらかじめ確保しておくことが大切です。動物に関する苦情が万が一出た場合には、それに対応していくのは100パーセントコーディネーターの責任です。

このようにして、動物が実際にＡＡＡ、ＡＡＴのために施設に入ってくる前に、準備を整えておかなければならないことは多々あり、それがコーディネーターの仕事の最も大きな部分であると言えるでしょう。ただしその中身は施設によっても異なるものであり、ここで述べられている基本中の基本は屋台骨でしかありません。コーディネーターは自らの判断で、その施設の準備に必要だと思われる事柄に手を付けていかなければならないのです。

具体的な準備行動の中にもう一つだけ加えるべきものがあります。動物の安全性を、施設などに関わる職員に口頭で説明しても説得が難しいと前述しましたが、ＡＡＡ、ＡＡＴに直接関わる専門家たちに関しても同様なことが言えるのです。実際に、活動もしくは療法の内容を具体的なイメージでとらえている専門家はむしろ少数派であり、自らの希望でコーディネーターに声をかけてきた医療関係者であっても、「何をしてほしいか」をその場で具体的に言える者はいないでしょう。そのために必要なのが、ＡＡＡ、ＡＡＴの可能性を彼らに理解してもらうためのデモンストレーションなのです。例えば、よく訓練された適性のある犬とそのハンドラーを理学療法士や作業療法士の前に連れて行き、犬がハンドラーの指示に従って左右に動いたり、待て、や持来（物を持ってくる）をしたり、確実に安定して活動できるということを示すことは大変重要です。なぜならばこれらの専門家を含む世の中の大半の人たちは、動物が好きであったり、自らペットを飼っていても、ＡＡＡ、ＡＡＴの適性審査に合格するほどしっかりとしつけをされた動物を目にしたことがないからなのです。

　犬がこれほど確実に、指示に従って動いてくれるのであるということが理解できれば、患者の動作を引き出したり補助したりするために、どこにどのように犬を「配置」すれば良いかを、より単純に安心して考えていくことが、療法士側にとっては可能となってくるのです。コーディネーターやボランティアにとっては当然のことであっても、体中触れられてもびくびくしないうさぎ、人のひざの上でおとなしく留まることができ、やたらと爪を立てたりしない猫、等々は「見て初めて納得できる」と言う人は少なくありません。しかし、まだＡＡＡ、ＡＡＴが開始されていない施設に、例えその準備のためであろうと動物を連れ込むわけですから、それなりの調整も必要でしょう。

デモンストレーションを行う場合には、施設管理者の承諾をはじめとして、場所や時間の選択、ボランティアと動物の選択、内容の確認など、コーディネーターが責任を持って行うべきことがたくさんある、ということを決して忘れないで下さい。

これまでに挙げてきた重要なポイントは、章の終りのチェックリストで再確認できるようにします。ここでは次に、動物が入った後でも続けなければならないコーディネーターの仕事について、若干触れてみることにしましょう。

まず一つは、ＡＡＡ、ＡＡＴスケジュールの作成です。これは言うまでもなく、主として施設の都合により決まってくるものなのですが、当然ボランティアと動物にとっても受け入れ易いものでなくてはなりません。実際のプログラム運営に関しては、動物側に配慮しなければならない重大な要素が幾つか挙げられます。その一つが動物の入浴もしくは体を清潔にするための処置です。現在ＡＡＡ、ＡＡＴに関わっている人々の間では、常識として、動物は施設に入る前の24時間以内に入浴もしくは洗浄が必要である、というルールが守られているはずですが、この基本が実のところスケジュール調整の鍵となる要素でもあるのです。動物の種類によって、また個体によって洗浄できる頻度が異なります。それゆえに一頭の動物が現場に出られる頻度も、実はこれによってあらかじめ決められてしまう、制約されてしまう、というわけなのです。これはコーディネーターが決めることというよりも、ボランティア（飼い主）自身が主治医（獣医師）と相談の上で決定した後にコーディネーターにその結果を伝える事項であり、それを受けてコーディネーターがスケジュールの調整を行わなければなりません。

さらに動物の活動時間の長さも、スケジュールを調整する上できわめて重要な事柄です。これもプログラムの内容、動物の種類、個体の性格などによってかなり幅はあるのですが、一般論としては「長過ぎるよりも短過ぎる方が良い」と言えるでしょう。長くなり過ぎると動物にストレスがかかり、活動全般に対する意欲の低下につながったり、場合によっては精神的疲労によって下痢などの身体的症状があらわれてしまうことすらあるのです。AATの一対一のセッション（患者一人に動物とハンドラーが専念する）などは20~30分が限界でしょう。例えば20分を超えないよう各セッションのスケジュールを立て、かつ各セッションの間には排泄等にあてられる休息時間を入れると良いでしょう。またこのように配慮をしても、一日にせいぜい2~3セッションが平均かと思われます。

確かに体力や精神力、活性等々は、動物も個体によってかなり異なるようであり、中に

動物によって集中できる時間には差があります

は次々と病室訪問などを、何時間にも渡りこなしてしまうものもいるようです。しかし飼い主であるボランティア自身が、自分の動物にとって適当である時間がどの程度であるか把握できていない場合、もしくは無意識のうちに動物に無理をさせてしまっているような場合には、平均値を目安にコーディネーターがまず調整を行うべきでしょう。

次に、プログラムが軌道に乗ってから後も、ぜひコーディネーターが続けるべき仕事の一つがチーム・ミーティングの召集です。動物介在療法はチーム医療であると前述しましたが、それを実施していくにあたっては、理想的には一月に一度のペースで、このチームの意見交換会が開催されるべきでしょう。人間医療の専門家、動物の専門家、ボランティア自身もしくはその代表者、そして施設の責任者等が定期的に集まって、互いの作業の確認、プログラム内容の評価、問題の解決などを継続的に行っていくことは、プログラムの品質管理上とても重要なこととなります。こういった会合における参加者のスケジュール調整、議題の準備、記録の作成等はすべてコーディネーターが行うべき仕事となります。

このようにコーディネーターの作業は多種多様であり、ただ単に「動物が好き」などというあいまいな感情だけでは支えきれるものではありません。コーディネーターは、様々な人間が共同で行うべき作業の、円滑な運営を促すための車輪の軸、扇の要、のような存在でなければなりません。同時にコーディネーター自身が医師、獣医師、ボランティア・ハンドラーである場合もありますが、基本的にはコーディネーターは各分野のプロの仕事を支える存在であり、自らが人間の医療、動物の専門家が行うべき作業等に必要以上に「口出し」してはならないのです。チームの全員がそれぞれの専門的立場に立った判断が下せるよう必要な情報を流し、専門家間の意見の調整を行うことがコーディネーターの仕事であり、自らが人間のセラピストであるというような幻想は決して抱いてはならないのです。

複数の仕事を同時にこなすのがコーディネーターであれば、分をわきまえるのもコーディネーターなのです。

AAA、AAT導入準備活動として必要最低限の枠組み(チェックリスト)

◎施設で実施できるプログラムの相談及び初期サイト・アセスメント

◎AAA、AATチームの構成・確認

◎医療チーム及び施設職員の教育

・AAA、AAT概論

・人畜共通感染症の情報提供

・ボランティア組織の紹介（特定団体が関わっている場合）
・施設評価及び参加動物の適性評価の説明
・動物とボランティアによるデモンストレーション

◎ボランティア教育

・施設内の言動に関する注意
・感染症予防対策
・動物の適性評価の説明
・動物の管理及び福祉に対する配慮

◎実際の施設評価

◎実際の動物適性審査

＊　ここに挙げたものは本当に必要最低限の言わば屋台骨であり、他にプログラムの種類別、施設別に、より詳細な項目が加わると考えなければなりません。また内容によってコーディネーター自身ではなく、他の専門家に依頼しなければならないものもあります。
またこれらは開始するための準備であり、その後必要な定期的会合等は含まれていません。

第3章

施設評価の必要性

動物を人間の医療や教育等の施設に入れることを考えるにあたって、多くの人々は動物側にどのような条件を課さなければならないかをまず検討します。つまり、清潔であり、しつけもきちんとされていなければならないし……という具合に。でも、果たしてそれだけで良いのでしょうか。大切なコンパニオン・アニマルである自分の愛犬やその他の動物を連れて行く、飼い主でもあるボランティアたちの立場になって考えると、受け入れ施設内の状況を調べることは当然のことと思われます。また動物の福祉に対する配慮が欠けていれば、彼らと接する患者に対しても「悪い信号」が送られてしまうという原始の血の説からしても、ＡＡＡ、ＡＡＴという素晴らしいプログラムを最大限に活用し、はっきりとした成果を挙げていくためにも、受け入れ施設の状態がどのようなものでも構わない、というわけには決していかないのです。

施設側にとって、動物を参加させるプログラムを設置するためにはそれなりの覚悟や準備が必要であり、それらが不十分である所は逆に動物側が訪問を断っても構わないのです。いえ、構わないと言うよりも、むしろ積極的に断るべきでしょう。どのような素晴らしい効果を生み出すものであっても、ＡＡＡ、ＡＡＴは決して万人向けのものではありません。それを活用できない施設も、そして個人もあるのだ、という理解を我々は前もって持っておくべきでしょう。

第二章では、コーディネーターがAAA、AATの導入に先立ってやっておかなければならない作業を簡単に説明しました。その中に、この第三章で説明していくサイト・アセスメント（施設評価）も含まれているのです。米国のペット・パートナーズでは、このサイト・アセスメントを実施するための詳しいマニュアルを発行しています。現場においてはこのような手引書を活用するのも良いでしょう。ここでは施設評価の概念と簡単な内容、そしてその過程で例えばどのような問題が浮上してくるものなのか等について触れていきます。

施設評価とはAAA、AATを受け入れるための、個々の施設の総合的診断です。それには当然のことながら施設の物理的環境や設計などのハードウエアと、管理者及び職員、そして患者、入居者の意識といったソフトウエアの評価も含まれるのです。何から何まですべて調査し、評価することは不可能であり、かつ例えそれが可能であったとしてもあまり合理的な方法ではありません。ゆえに、ここでもやはり最低限調べておかなければならない事項を評価し、それに加えて、施設ごとにさらに検討をしなければならないと思われる項目を識別していけば良いでしょう。

それではこの最低限調べておかなければならない、言わば基本項目とは一体どのようなものでしょう。第一に、施設の物理的条件はかなり詳細に知る必要があります。そのためには、次のような項目を調べることで、物理的条件に対する一応の評価を下すことが可能となるでしょう。

◎施設概要

・敷地面積
・延床面積（平面図に動物通行可、不可の明記も必要）
・駐車場（使用可、不可）
・庭（使用可、不可）
・活動用設備（面積及び平面図上の入口からの経路）〈注＝個室訪問の場合は順路〉
・階段、エレベーター、エスカレーター（使用可、不可）

これを見ているときわめて単純であり、たったこれだけの項目を調べておけば良いのであればそれは簡単なことである、と思ってしまう人もいるかもしれませんが、たったこれだけの項目でも何を明確にしておかなければならないのかを考えると、これは終りのない作業のようにすら見えてくるのです。答えを求めておかなければならない前記の各項目に関する質問は、施設の内情を詳しく知ろうと思えば思うほど無限に広がっていくものです。それもやはり常識的な範囲で、かつ調査可能な内容で一応まとめてみるしかないでしょう。次に記すような点は明確化が求められる代表的なものです。

・駐車場の、どの部分（スペース）が使用可能であるか
・駐車場から建物へのアクセスはどうか
・建物に複数の入口があれば、どこを使用することができるのか。また、使用可能な入口と駐車場との位置的関係はどうなっているのか
・使用可能な入口は、待合室など多数の人間がいる場所につながるものか
・動物が立ち入ってはいけない場所はどこか
・部外者が立ち入ってはいけない場所はどこか
・動物とボランティアが活動する場所はどこか
①大部屋、レクリエーション室等において多人数と

②大部屋、レクリエーション室、リハビリテーション室等において一対一で
③個室訪問
④その他特殊な状況

・入口から活動場所までの経路、アクセスはどうか
・活動場所までの経路で、階段、エレベーター、エスカレーターを使用するか
・エレベーター、エスカレーターは動物も使用可能か
・活動場所の換気、空調の状態はどうか（患者のために暖かくなっている場所が、逆に動物にとっては暑過ぎてつらいこともある）
・動物の排泄（特に犬の場合）及び休息に、施設の庭またはその他外部の設備を使用できるか
・施設の外周は壁などで囲まれているか
・施設の外周が囲まれていない場合（囲まれている場合であっても）、外部の人間及び動物が自由に出入りできる状態なのか

その他に、特に犬の場合などは、施設の建物とその周囲の床材にどのようなものが使用

動物と人間双方が楽しさを感じなければなりません

されているのかを知っておく必要もあるでしょう。滑り過ぎる床、硬過ぎる床（石材、コンクリート等）は犬の動きに制約を与えるものであり、時には活動場所の変更を求めたり、犬以外の動物のみ導入しなければならないこともあるかもしれません。

次にソフトウエア、つまり施設の人間を見ることにしましょう。基本的に人間側は、職員と患者及び入居者の二つの集団に分けることができます。その中でまず職員のアセスメントに目を向けてみましょう。

はじめに基本的な「データ」を収集します。これは施設案内などの資料、パンフレット等があれば十分でしょう。ここで次のような点を調べておきます。

◎設置、運営（法人名、個人名、その他）

◎職員総数

・専門職の人数とその内訳（医師、看護師、理学療法士、作業療法士、臨床心理士等々、これは施設によって異なるでしょう）

・準専門職（準看等、専門職の補助要員）

・管理職

・事務職
・調理、清掃、警備等々

◎指示系統及び最終意思決定機関(フローチャートなどを作成するとより分かりやすい)

◎勤務時間

◎勤務体制

◎非常勤、パート職員の有無

・この人々の所属部署

以上はあくまでも一般的なデータであり、それに加えてAAA、AAT関連で評価に必要な情報があります。これは次に記すようなものですが、最初に数項目AAA、AAT関連で全職員に関わる項目が列挙されています。その他はAAA、AATの運営に直接関わるであろう職員に関する情報です。

◎職員全般のAAA、AAT及び動物に対する意識

・意識調査を施設の各部門において実施する。全職員に対して行うことはおそらく不可能であると思われるが、できる限り幅広い職員への意識調査が望ましい

＊意識調査の骨子

①AAA、AAATを知っていますか？
②AAA、AAATはどのようなものだと思いますか？
③自分たちの施設に動物が入ってくることは賛成ですか、反対ですか？
④賛成または反対の理由は？
⑤好きな動物はいますか、またその理由は？
⑥嫌いな動物はいますか、またその理由は？
⑦怖いと思う動物はいますか、またその理由は？
⑧何か動物を飼っていますか？
⑨アレルギーの有無

この意識調査に関して、若干の説明をここで加えておきます。まずその実施方法ですが、

前記のような質問を含んだアンケートを作成し、施設管理者の助言と協力を得て配布、回収を行えば良いでしょう。その他、聞き取り方式を用いている人もいるようですが、時間の節約と効率を考えた場合、やはり質問用紙をあらかじめ作成しておき、それを職員の協力を得て配布する方法が実施しやすいのではないでしょうか。実施する範囲は施設の規模、コーディネーター自身の時間的制約等々により、ケース・バイ・ケースで決めていかなければならないことでしょう。基本的には各部門に回答者が最低でも必ず2～3人はいる、というようなかたちが理想的であると考えます。またアンケート自体は前記の骨子でも明らかなように、単純な内容のものの方が良いでしょう。これは施設に動物が入ることや、動物そのものに対する職員の意識の全体像を探るための手段であり、決してAAA、AATに対する職員たちの認識や理解度を調べるためのものではありません。じっくり考えなければ答えることができないというようなものよりも、もっと手軽に答えることができる質問の方を多くしておきます。それゆえに個々の職員が面倒がらずに記入してくれるわけです。同様の理由で、アンケートも簡潔で短いものの方が良いでしょう。

前記骨子の質問事項①と②は、単に「AAA、AATという言葉を聞いたことがあるかないか」を訊ねているだけであり、詳しい説明を求めているものではありません。この質問に対しては、「他の施設で実施していると聞いたことがある」、「テレビなどマスコミを通じて見たことがある」という程度の回答が多数あるようです。質問事項の②は、「見た、聞いた」時に回答者が抱いた個人的なイメージを記述してもらうために入れてあります。同じく質問事項の③と④では、各部門において、動物の出入りに対してどのような疑問や心配があるのかを探っています。例えば、清掃のスタッフが、動物の毛や排泄などの問題を指摘することなどは当然予測できることでしょうが、そのような明らかな事柄以外にも、時にはまったく予想できなかったような懸念が表明されることもあるのです。「誰に対して、何を説得しなければならないか」によって、やはり施設内でのプログラム設置の難易度も変わってくるのです。

質問事項の⑤と⑥そして⑦は、見てのとおり職員たちの動物の好み、あるいは動物に対する親和度を知るためのものです。AAA、AATの受け入れ態勢の評価という観点から、特に質問事項の⑥と⑦は大切であると思われます。「動物が嫌い、怖い」と言う職員が多ければ多いほど、当然のことながら苦情やトラブルが発生しやすい環境になるわけであり、理由の如何によっては、当面プログラムの設置を見送ったほうが良い場合もあるでしょう。質問事項の⑤から得られる情報は、むしろAAA、AATの実施が決定した際のプログラム

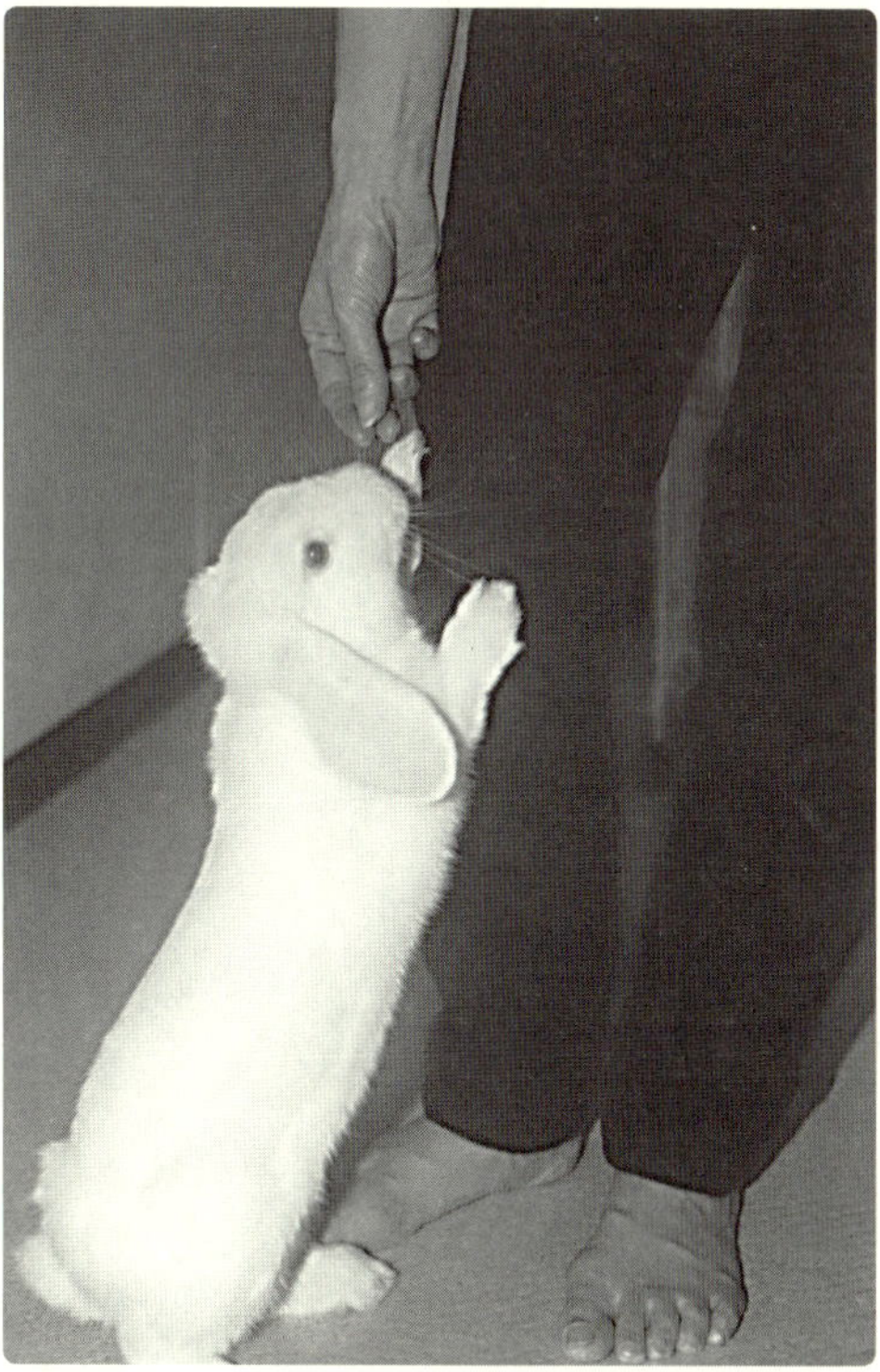

人の動物の好みは様々です。犬や猫以外の動物でも性格的に人との触れ合いを好むものはたくさんいます

構成に役立つものであると思われます。次に質問事項の⑧では、実際に動物と暮らした経験者が、どの程度職員の中にいるのかを探っています。⑨は言うまでもなく、この意識調査は、拡充しようと思えば限りなく広げていけるものです。しかし、簡単に回答できるものでなければ回収率も悪くなる、集計及び結果分析にコーディネーターがかけられる時間に制約がある、などと様々な問題を考慮しながら、調査の最適な幅を決めていくようにしなければなりません。

◎職員の実態調査

・職員に対して、主に動物を対象としたアレルギーや恐怖症の有無は調べておく必要がありますが、全員に対して「自己申告制」にしておけば、その申告先を設けておくだけで十分でしょう。あえて調べて回る必要はありません

これも職員全体に関わることですが、ここで探ろうとしている情報は、すでに前述の意識調査の中で浮かび上がってきている可能性もあるのです。ただし意識調査用のアンケートは、必ずしも全職員に記入提出してもらうものではありません。それゆえに、アレルギーや恐怖症といったような、人と動物の接点で最も問題となりやすい事項は、別に、再度情報収集を行ったほうが良いのです。しかし職員全員に聞いて回ることは難しいので、このような問題を抱えている人たちが「どこか」にその情報を中告できるように計らえば良いのです。

当然、ここには「中告漏れ」という事態も起こり得ます。中には自らが有する恐怖症などを「恥ずかしい」と感じて、それを明かさない人もいるでしょう。しかし、それはそれで無理に探るようなことはするべきではありません。明確にされた情報については、尊重されるものであり、それなりに報告書に反映させていかなければなりません。

◎AAA、AATの施設側担当者とその責任範囲

◎AAA、AATに関与する専門家

◎動物を関わらせようと施設が考えている活動、作業の行われている日時及びスケジュール調整の柔軟性

この最後の三つの項目は、言うまでもなくAAA、AATに関わる職員の実態を明らかにするものです。施設側の担当者を決め、その担当者がスケジュール調整、連絡、苦情処理等々にどの程度関わってくれるのかを明確化することによって、今後のその施設におけるコーディネーターの仕事の量が決まってくるのです。

プログラムの調整役であるコーディネーター自身が行わなければならないことは、数多くあるのですが、はじめから施設側が何もせずに「お任せ」でプログラムを設置しようとしているのか、自分たちも積極的にプログラム運営等に加担していくつもりであるのかによって、プログラムの設置、維持にコーディネーターや地域のボランティアなどがはらわなければならない労力に、かなりの差が出てくるのです。ですから、これはプログラム実現の可能性に大きな影響を与える事柄でしょう。

ＡＡＡ、ＡＡＴに関与する専門家とは、施設の管理者が、現場で実際の活動や療法を行わせようと考えている人々のことです。これには、医師、看護師、作業療法士、理学療法士等々の人間医学の専門家をはじめとして、教育者、レクリエーション担当者、そして補助的スタッフも含まれます。ここでも前述の「担当者の責任範囲」と同様に、どれだけのスタッフが関わってくれるのかによって、現場のボランティアの動きやすさが決まってくるのです。実際の治療を担当する専門家は一人であっても、やはり補助として周辺的にどの程度の人たちが支えてくれるようなシステムが考えられているのか、明確にしておく必要があるでしょう。またこれらの専門家や前述の担当者たちと、定期的（もしくは不定期でも）に連絡会などを開催することは可能であるか、という点も調べておく必要があるでしょう。

最後の項目である活動の日時ですが、これもプログラムの実現が可能であるか否かを決める重要な項目です。例えば、ある施設では常勤の理学療法士がいないため、毎週特定の日に外部から療法士が通ってくるとしましょう。それが水曜日であり、コーディネーターが抱えているボランティアとその動物たちのスケジュールには、今のところ水曜日に新たな施設を担当する余裕がなく、かつ施設側はどうしても理学療法の中でAATを試みたい、というようなことを仮定します。もちろん、新たなボランティアを探す、他の活動の調整をする、といったことも考えることができ、解決の道がまったく閉ざされてしまったわけではありません。しかしAAA、AATの導入の日時について、柔軟性を欠いた施設は要注意である、ということは言うまでもありません。

このようにして、施設のソフトウエアである職員たちの意識や都合などは、AAA、AATを実現するにあたって、きわめて大きな意味を持つ要素となっているのです。それらを十分に考慮し、浮上した各種問題点に対して解決策を見出すことができなければ、評価はマイナスの方向にいってしまうでしょう。

もう一つの「人間因子」は施設に入っている集団です。患者、入居者など様々な呼称がありますが、ここでは「患者」ということにします。ただし現場が常に医療施設であるとは限りません。したがって読者の皆さんは柔軟性を持って、この言葉を各施設にふさわしいものに置き換えて下さい。

ＡＡＡ、ＡＡＴの対象となる集団の特徴も、施設評価の中に入れなければなりません。しかし、アセスメントの段階ではＡＡＡ、ＡＡＴの特定の対象者を探したり、評価したりしているわけではありません。これはあくまでもＡＡＡ、ＡＡＴを施設に導入するにあたって、その対象となる患者集団に何か問題点はないか、実現可能であるか否か、といったことを検討するための作業なのです。

評価にあたっては、次のような項目を調べる必要があるでしょう。

◎平均年齢（最低年齢、最高年齢）

◎主な疾患

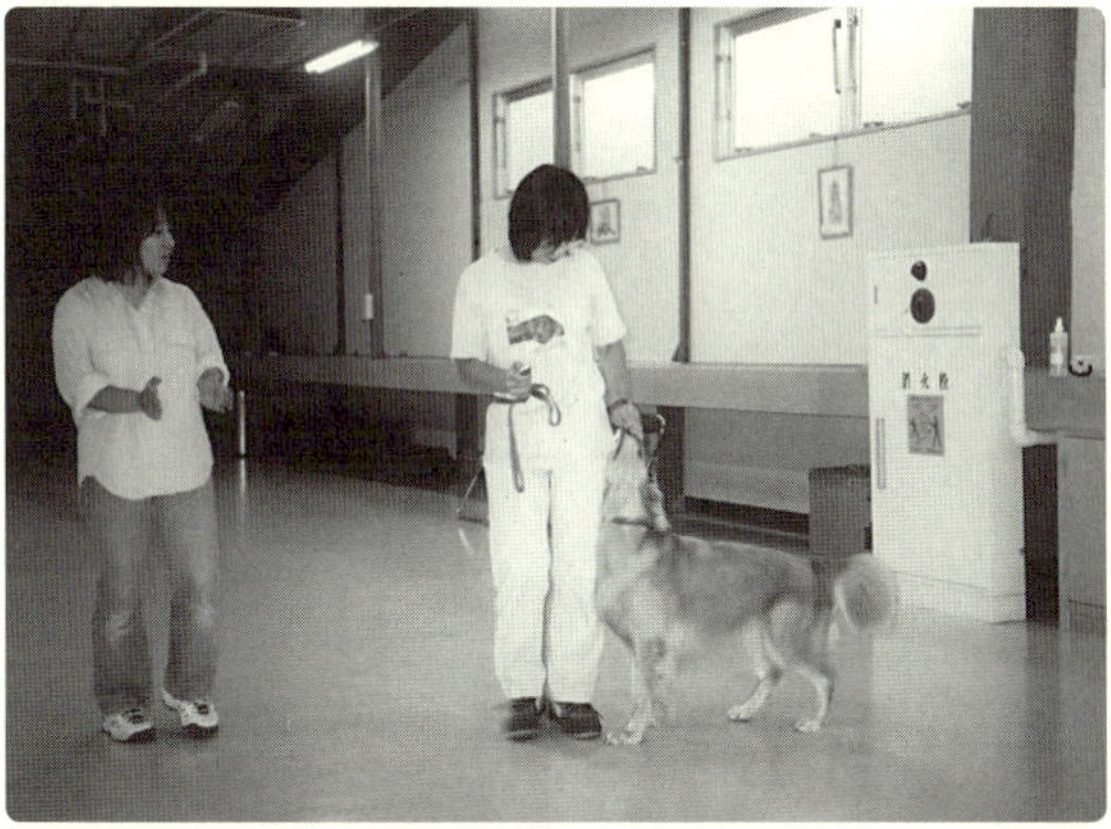

ハンドラーはいつでも自分の動物の動きを100パーセント管理できなければなりません

・機能障害
・精神障害
・免疫機能
・伝染性疾患

◎平均入院日数／居住型施設

◎補助具、医療機器

◎動物に関する好み

◎特筆すべきアレルギー、恐怖症

◎AAA、AAT以外の主な補助療法、レクリエーション活動

年齢や疾患という情報は、施設の相対的活性の目安として用いることができます。患者自身の活動性、医療や看護に必要な動き、などを検討するとその施設がきわめて動物にとって刺激の多い環境となるか、その逆に静かで落ち着いたものであるか、といったことがかなり見えてくるはずです。また主な疾患の中には、様々な病気や障害の一覧表を加えることもできますが、アセスメントの際にはそこまでする必要はないでしょう。単純にポイント別に列挙してみましたが、例えば機能障害といっても様々なものがありますが、それが直接的にどのような環境因子とつながっているかを考えることが、基本的にはＡＡＡ、ＡＡＴのためのアセスメントに役立つのです。

様々な動作の衰えが見受けられる高齢者が多数いる施設では、この人々が食事の際に落とした食べ物、薬などが床に転がっている可能性もあります。これらが動物を連れて入る時に、どのような問題を引き起こすかは言うまでもないことでしょう。また精神障害の場合、必ず調べておかなければならないことは、動物虐待経験者が患者の中にいるかどうかという点でしょう。もしそうした患者が一人でもいるとしたら、ボランティアと動物を施設内に入れることについては、管理者、医療従事者とともにじっくりと話し合ってみた方が良いでしょう。何があっても、動物を危険にさらすことだけは避けなければなりません。こうした患者と動物が遭遇してしまう可能性はあるのか、もしそうであれば、その場の管理をしっかりと行える者が常に側にいるのか、万が一危険をボランティアが感じたらどうすれば良いのか、等々の答えをあらかじめ出してもらい、検討材料の一つとしなければなりません。

さらに精神障害を扱う施設、病棟においては、出入口に鍵がかけられている場合が多々あります。そのような場所での活動の手順はどのようなものになるのかを確認し、無理のない態勢でボランティアや動物たちが動き回ることができるのかどうかを確かめておく必要もあるのです。

　次に患者の免疫機能ですが、これは特に動物や他の人間が訪問するにあたって、特別な注意を感染症予防措置の中ではらわなければならないほど、免疫機能の低下している患者がいるかどうかを調べておかなければならない、という点を指摘しているのです。こうした患者が動物と接するかどうかは医療従事者が判断しなければならないことですが、もし、多少の条件付きで接してもらいたいということであれば、その条件が動物やボランティアにとって過剰な負担をかけないようなものなのかを検討することが必要でしょう。活動の主な対象が、免疫機能が著しく低下している患者集団であり、その人々に動物を活用することを施設が考えているとすれば、多数の患者の中に若干名の免疫機能に問題がある人がいる場合よりも、それらの条件が動物にかける負担を逆に少なくしなければならないのです。これは「特別条件下オンリー」で活動することは、より一層動物に負担をかけることになるからなのです。

　さらに、伝染性の疾患を有する患者を対象としなければならない場合は、ボランティアと動物にリスクがないかをよく施設側に検討してもらわなければなりません。またそうした患者は対象としないにしても、そのような病棟を持っている施設であれば、そこに出入りすること自体が、ボランティアと動物にとってどれほどのリスクになるかを考えてみなければなりません。これは施設の専門家の説明を聞くと同時に、施設とは関係のない第三者である医療従事者の助言を求めるべきかも知れません。あらゆる角度からリスクを分析し、ボランティアと動物の安全が本当に確保できるか否かを確認することは、必ず行わなければならない重要なことなのです。

入院日数や居住型であるかどうかといった情報は、施設における人間の回転率を表すものです。常時同じ相手を対象とするのか、もしくは数回しかAAA、AATセッションで遭遇することのない患者が多いのか、それによってボランティアの心構えに関する教育も多少変わってくるでしょう。またホスピスのような特殊な施設の場合は、さらなる教育が必要となってくるでしょう。確保できるボランティアの質、つまり、精神的に苦しい状況においても活動できる資質を有する人間及び動物がいるかいないか、これによってプログラム実現の可能性が強く左右される場合も多々ある、と考えておかなければなりません。

次に、施設内で頻繁に遭遇する補助具や医療機器についての検討です。施設によっては、大半の患者が車椅子や歩行器を使用しているところもあるでしょう。また人工透析装置のような特殊な機器が、多数設置されている施設もあるでしょう。動物とハンドラーが施設内で動き回る場合には、一体どのような器具に慣れておかなければならないのか、また特に気を付けなければならないものはその中にどの程度あるのか等々、事前に検討、評価しておかなければならない項目が、ここでも多数あるわけです。

　器具の数の多さ、配置によっては、大型の犬などが活動するには無理がある場合もあります。また用いられている補助具や医療機器の種類によっては、患者や入居者などが動物に触れることができず、単に視覚的接点を求めなければならないこともあるでしょう。これは前述した疾患の種類にも加えるべき考察です。視覚のみ、触覚のみ、といった特定の感覚にのみ訴えなければならない場合には、活動できるボランティアや動物の種類も、かなり厳選していかなければならないのです。

　動物に関する好み、この項目は単に犬好きか猫好きかを考える、というようなものではありません。例えば、地域社会の人々が多数入居しているような老人施設であれば、その地域社会特有の好みが全体的に反映されていることもあるのです。農村地帯の出身者にとっては、我々がかわいいと思うネズミ顔などの小動物は害獣でしかなく、むしろヤギやヒツ

どのような動物を用いる場合でも「人間好き」が絶対条件です

ジなどが最も馴染み深い動物であるかもしれないのです。ペット・パートナーズのAAA、AAT参加動物の検定を受け、正式に「ペット・パートナーズ（協会認定動物）」の資格を獲得しているものの中には、ミニブタやニワトリなどの動物もいるのです。

個々の患者に対応していかなければならないAATの場合には、各患者にとって最も動機付けが高くなるであろう動物をプログラムの中で選択していけば良いのですが、AAAのように複数の人間と一同に接触する可能性が高い場合には、特にその施設の患者にとって「一般的な好み」もしくは「特定の傾向」が見受けられるのかどうかを、事前の評価時に検討しておいた方が良いでしょう。

次の項目の、特筆すべきアレルギー、恐怖症については、特に説明する必要もないと思いますが、これはあくまでも「特別」な状況のみを調べておかなければならないということなのです。動物（特定の種類の場合が多い）と遭遇することが危険である、と思われるほどのアレルギーもしくは恐怖症などを有する人間が施設に一人でもいれば、それは必ず要注意事項として記録しておかなければならないことです。そのような人間が多数施設内にいる場合には（例えそれが職員であっても）、AAA、AATの導入は大変困難なものになるであろうことが十分予測できます。

ＡＡＡ、ＡＡＴの導入を考えている施設が、患者のために、他にどのような補助療法やレクリエーションを提供しているのかを調べておくことも参考になるようです。例えば、様々な補助療法が患者に対して用いられているということは、ある意味では医療従事者の柔軟性の証である、と考えることもできるでしょう。もちろん、あまりにも多くのことに手を伸ばし過ぎることの問題点も指摘しなければいけないのでしょうが、ＡＡＴに対して、少なくとも医療関係者が「オープン・マインド」でいてくれることは期待できると思われるのです。時には施設の管理者や経営者がＡＡＡ、ＡＡＴの導入を希望していても、医療スタッフがそれに対してきわめて消極的である場合もあるようです。これは当然職員の意識調査の中にも反映されるでしょうが、患者が受けている医療の中身を見ることによって、その消極性が「全般的」に行き渡っているものなのか、動物に特に向けられているものなのかを判断することもできるでしょう。

レクリエーションに関して言えば、いくつかの点を観察しなければなりません。一つは補助療法と同じように、どれだけのバリエーションがあるかです。ここではさらに、患者たちのレクリエーションに対する「意欲」も検討する必要があるでしょう。レクリエーション活動への出席率はどうか、その場合実施されているものに対する積極的参加が見られるか、などを調べていけば患者全体の活性度、外部からの刺激に対する反応性等もある程度分かるかと思います。また患者にどのようなレクリエーションが好まれるかを見ておくことも大切です。「共同作業」的なものが好まれているのか、「単独行動」を主体としたものが好まれているのか、などを検討していくことで、最終的にはどのようなプログラムを提案したら良いかが見えてくるはずです。

このようにしてコーディネーターは、ハードとソフトの両面を検討しながら施設の総合的な評価を行い、同時に、もしプログラムが導入されるのであれば、どのような内容のものが適しているかの提案も作成するのです。

しかし、ここまで述べてきた項目以外にも、時と場合によっては加えて評価しなければならないこともあるでしょう。

その一つが「他の動物の存在」です。施設によっては、すでにペットを飼育しているところもあります。これが外部から入ってくるボランティアと動物にとって、問題にならないかどうかをしっかりと調べておかなければなりません。それには次のような項目を念頭においておけば良いでしょう。

◎動物の種類、数、性別
◎動物の飼育場所
◎動物の管理状態、健康状態
◎訪問動物と接近遭遇する可能性があるか、または接近遭遇せざるを得ない場合、それは可能で、かつ安全であるか
◎動物の一時的移動等は可能か
◎動物の管理責任者は誰か(さらに主治医がいればそれも加える)

その他にペットとして飼育されていない動物、例えば野良猫などが敷地内にいることはないか、また施設では患者のペットが家族とともに面会に来ることがあるのか、こうしたことも調べておかなければなりません。

野良猫集団が敷地内に感染症を持ち込んでしまうことや、必ずしもしつけをされているとは限らない「面会ペット」がボランティアの動物を見て興奮してしまうことなど、危険はどこにでもあるのです。それらを一つ一つ解消していかなければAAA、AATを安全に実施していくことはできないのである、と言い切らなければなりません。

次に検討を加えなければならないのが、施設自体のボランティアの受け入れ体制です。そこを訪問するためには、その施設独特の研修を受けなければならないのか、ボランティアの担当者やボランティア専用の空間（休息室など）が設けられているのか、等々を調べる必要があるでしょう。あまり厳し過ぎる規則や講習がある場合には、プログラムを設置してもボランティアが集まるかどうか、という不安につながりますが、逆にまったく何もなく、何か現場で問題が生じた際にボランティアが誰に連絡をすれば良いのかさえもあいまい、という場合も問題でしょう。これは施設によっても相当状況が異なると思われますが、まったく何もないというような場合は、コーディネーターが「何か」を作らなければならない可能性もあることを忘れないで下さい。

その他、もし地域で活動している団体（AAA、AATボランティア）が訪問先に経費だけは請求する、というような形で運営されているケースなどでは、AAA、AATプログラムに対して、施設が予算を充当できるかどうかも検討すべき項目になります。

また患者集団の性質によっては、ボランティアと動物が暴力に遭遇してしまう危険性の有無も把握しておく必要があるでしょう。

このように施設評価とは、実のところ限りなく「終わりなき作業」に近付いてしまう可

最良の活動条件を整えることは患者のみならず動物達のためにも必要不可欠です

でもあります。

能性がある仕事なのです。そして同時に、時間的制約のもとで行わなければならない作業

納得するまで作業を続けることと、判断を下せぬままダラダラと作業を引き延ばし、結論を先送りにしていくこととはまったく違うことです。コーディネーターは個々の施設の評価を任された際には、自信を持って、その評価を下すために必要な最低限の情報とは何かを的確に判断し、それを手際よく収集することができなければなりません。情報の収集、分析、そしてそれらに基づいた判断、要約すればサイト・アセスメント（施設評価）とは、この三つの作業を軸としているのです。その一つ一つを速やかに、かつ着実に実施していくのがコーディネーター自身なのです。

それでは、これらの作業が終わったら、一体次に何をすれば良いのでしょうか。言うまでもなく、評価を下し、その内容を報告書にまとめなければなりません。報告書は依頼者である施設に渡し、その説明をしていきます。加えて、どのようなプログラムがその施設には向いているのかを明記したＡＡＡ、ＡＡＴの提案を出さなければなりません。

その評価報告は次のようにまとめます。

◎AAA、AATの観点に立って見る施設の欠点
◎AAA、AATの観点に立って見る施設の利点
◎改善がなければプログラム導入が不可能と思われる問題点、及び改善案
＊絶対的に不可能である場合には、その理由をはっきりと説明する

◎プログラム案
・AAAまたはAAT
・規模、頻度
・動物の種類
・ボランティア（ここでは例えば年齢、性別、性格等をある程度指定した方が良い施設であれば、その旨を記す）
・AAAの場合は基本的な活動方法（集団での触れ合い、病室の個別訪問、動物のパフォーマンスなどの見物等々）
・AATの場合はコーディネーターとして考える対象患者（医療専門家の意見ではない、最終的にはむろんコーディネーターが決めるものでもない）

このような報告書を施設側とともに検討した上で、はじめてＡＡＡ、ＡＡＴのプログラムを作り上げるための、言わば基礎工事が完了するのです。とてつもなく困難な、時間のかかる作業に思えるかもしれませんが、事実そうなのです。そこまでしなくとも、と思う人もいるかもしれませんが、一度妥協をするとそれ以降はまさに妥協の連続になりかねません。もちろん、ＡＡＡ、ＡＡＴに国家基準や法的制約があるわけではありません。それだけに妥協をして、「とりあえず適当」なプログラムを作ってしまうことはたやすいことなのです。だからこそ、「本物」を作る努力を惜しむようなことは決してしてはならない、と思うことが大切なのではないでしょうか。

ＡＡＡ、ＡＡＴの将来を自分が担っているのだ、とコーディネーターの一人一人が思うことができなければ、この分野は決して健全な発展を遂げることはできないでしょう。

第4章

AAA、AAT参加動物適性評価とは

ペット・パートナーズ及び優良家庭犬普及協会の認定試験

動物を人間の医療施設、準医療施設等に入れることは、決してたやすいことではありません。言うまでもなく衛生面での問題が、常に最も強く指摘される点です。体毛は大丈夫か、感染症の危険はないか、等々と従来から多くの人々が「動物は不潔である」と思い込んできたゆえの疑問が多数浮上します。しかしこのような問題は、きわめて簡単に対応できるものばかりなのです。

シャンプー、ブラッシング、歯磨き、爪切り、耳掃除など、日常のケアを飼い主がしっかりと行っていれば、においがする、体毛やフケなどが大量に落ちる、などといった問題はほとんど起こることはありません。また、ノミやダニ等の外部寄生虫対策をしっかりと行っていれば、それらの問題が発生することもありません。さらに、定期的に獣医師の検診や予防接種なども怠らずに受けさせていれば、ペットの健康を維持することができ、他の動物や人間にとって衛生上の問題とならない動物と活動が行えるようになるのです。もちろん、医療施設に入る動物に関しては、腸内細菌や口腔内細菌のチェックをすることが好ましいということは言うまでもありません。

このような衛生上の配慮は、何も犬や猫に限ったことではありません。学校動物、触れ合い動物園、農家、等々の一部のイメージから、ウサギ、モルモット、その他「小家畜」

やニワトリなどは「くさい」と考えている人が多数いるようですが、決してそうではありません。むしろウサギやモルモットなどは「肉食獣」たちと比べたら体臭がほとんどない、非常にきれいな動物です。しかし残念なことに、これらの動物たちがきれいでいられるような飼い方をしてもらえていることは、あまりないようです。食餌回数の少ない肉食獣とは異なり、これらの草食獣は一日を通して草や乾物などを食べ続けているために、排泄物の量は体の大きさのわりには多いのです。もちろんこの動物たちも所かまわず排泄をして歩くわけではありません。むしろ決まった場所で排泄することを好むのです。しかし不幸なことに、食、住、排泄を分けるだけの居住空間を、与えられていないことが多いのです。足を前後に十分に伸ばしきって横たわることのできないケージに入れられたウサギや、狭い空間に何匹も詰め込まれたモルモットなどは、当然人目には「垂れ流し」の生活を送っているように見えるわけであり、事実自分の排泄物から逃れることができないため、体にはそのにおいが付着してしまうのです。しかしこれは動物たちが望んでいる状態であるはずもなく、また正しい飼育方法でも決してありません。人間でも体を洗うことができずに、自らの生活が狭い空間の中に押し込められてしまえば、当然くさくもなります。つまり日常のケアが行き届いていれば、犬や猫のみならずその他の小動物も、十分に清潔で触り心地の良い訪問動物になり得るのです。

いずれにせよ、このような衛生面での条件をクリアすることはさほど困難なことではありませんが、それだけではもちろん不十分です。

AAA、AATにおいて最大の難関は、そのような現場に連れて行くことができる資質の動物を確保することです。現在欧米においては、様々な方法で活動動物の適性審査が行われていますが、その中で最も幅広く制度化されており、多数の施設で用いられているのが、米国の旧デルタ協会（現ペット・パートナーズ）が開発した「アニマル・エバリュエーション」のシステムです。このシステムは、主として三つの事柄をチェックできるよう設計されています。検定の前半は、動物の基本的しつけ、訓練ができているかどうかを調べるための項目からなり、ここでは主として、「お座り」、「伏せ」等々（犬の場合。他の動物には各項目のバリエーションがある）がきちんとできていることを確認するのです。同じく後半は、施設内で動物が遭遇するかもしれない様々な刺激なども用いて、その性格の安定度及び活動の適性を調べるためのものです。そして全体を通して、飼い主のハンドラーとしての技量及び社会性が審査されます。

このペット・パートナーズの検定を基本として、訓練項目及び適性項目にはどのようなものが含まれているか、または含まれるべきかを検討してみることにしましょう。

◎訓練項目

・オスワリ、マテ、フセの基本号令の確認（犬のみ）
・リードを引張らずに飼い主の横を歩くことができることを確認
・医療器具、通行人、他の犬など、「日常的刺激」に対する反応の確認
・ブラッシング、足拭き、犬具の着脱等、日常的生活活動に対する反応の確認
・飼い主による呼び戻しの確実性の確認（犬のみ）

これらは、言わば行儀の良いペットとして社会に認めてもらうために、必要最小限の項目です。またこれらの項目の対象は主として犬なのですが、若干の内容の変更で、他の動物にも当てはめることはできるのです。

まずはじめに、犬を主体として話を進めてみることにしましょう。

お座り、待て、伏せ、等の基本的な号令は、必ず訓練しておかなければなりません。体の弱い老人、病気や障害のために体の自由がきかない人、そして幼い子どもなどと安全に触れ合うためには、こうした号令で犬がしっかりと静止できることが必要不可欠なのです。また特にAATにおいては、医師や各種療法士の指示に従い、患者に対して犬をあらゆる位置に置かなければならない場合が非常に多いのです。その際には、こうした基本がしっかりとできていなければ、犬を自在にハンドラーが動かすことができなくなってしまいます。さらに、施設という多数の人間が動き回る場所に犬を連れて行くわけですから、その中において社会的に受け入れてもらえるような礼儀正しさがなければ、犬は単なる邪魔者になってしまうのです。

同様に、リードを引張ることなく飼い主の横をおとなしく歩くことができることも絶対条件でしょう。人間の施設のような特別な空間に入ることを許された犬は、当然のことながら飼い主に集中することができなくてはなりません。この集中力がなければ、基本号令さえ聞くことができないからです。リードを引くということは、飼い主から離れた何かに犬が集中しはじめたということであり、これがあまり頻繁にあるようであれば、残念ながら施設の訪問には不向きである、と言わざるを得ないのです。また施設評価の中でも度々指摘したように、そうした環境の中には医療器具などが数多く置かれている場合も多々あり、さらに看護スタッフの動作や、非日常的な動作で動き回る患者が加われば、単独の人

AAA、AATに参加をすることがなくても社会生活をするためには
しつけは大切です

間でさえ「歩きにくい」状況である、と感じてしまうでしょう。このような場所で犬がリードを引張ることは危険きわまりないことである、と言い切れるのではないでしょうか。またＡＡＴの場合には患者の歩行訓練などに活用されることもあり、その際に犬が引くようなことでもすればとんでもない事故につながってしまうでしょう。

　日常的刺激に対する反応の確認も必ずやっておかなければならないことです。医療器具など、ＡＡＡ、ＡＡＴ特有の環境因子に対する反応の確認は、適性評価を行う際にやらなければならないことです。ここでは活動の中で犬が遭遇するであろう様々な事柄に対して、犬自身が恐怖反応や攻撃的反応など、危険につながるような行動を見せることがないかどうかを確認します。車椅子で通る人、補助具等が倒れた際の音等々、施設内では色々なものに遭遇します。それらに対して逃げ出そうとするほどに犬が驚いたり、怖がったりしてしまうということは、社会性に欠けているということの証でもあり、強い社会性が要求されるＡＡＡ、ＡＡＴなどの活動に参加することには無理がある、と言わざるを得ません。またこのような刺激に対して過剰に興奮したり（楽しそうであっても）、あるいは攻撃的な対応をしてしまったりする、ということも同様です。

　さらにこの刺激の中で、他の犬と遭遇した時の反応もきわめて重要です。他の刺激は我慢できても、同類に会ったとたんに遊び心を暴発させたり、けんかを仕掛けたりしてしまう犬がよくいるのですが、特にAAAの場合などは他の動物を交えた集団での活動であることも多く、このような反応をする犬は、どう考えてもその中に入ることができるとは思われません。

日常的刺激に加え、日常生活の中で当然犬がやっているであろうことを、審査の過程において確認することも必要です。ブラッシングなどを問題なく飼い主が実行できるということは、犬が飼い主を信頼している、そして自らの指導者として認めている証なのです。それがなければ、自宅を離れて社会一般の中で安心して犬が活動することはできません。どのようにしっかりと「訓練動作」が入っていようとも、「親が子の体のあらゆるところに触れる」ことができなければ、そこには絆が存在せず、万が一のことが起こった場合に飼い主が犬をコントロールできなくなる可能性がきわめて高い、と判断しなければなりません。

さらにブラッシングや犬具の着脱などは、AATの中では患者の手指のリハビリテーションなどに用いることもあります。飼い主のみならず他の人間にも、ただ単に撫でられるだけではなく、こうした作業も十分にさせてくれる犬が好ましいことは言うまでもありません。

呼び戻しがきく犬とは、世のすべての愛犬があるべき姿です。公園などで飼い主を無視して走り回っている犬を時折目にしますが、これは実に危険なことです。万が一車道に出てしまったら、あるいはけんか好きの犬に駆け寄ってしまったら、これはとんでもない事故につながってしまいます。また友好的であるといって、自分の犬が走り回るのを許している飼い主もいますが、前述したように、近寄っていった相手がけんか好きであることも考えられます。さらにいくら友好的であっても、幼児や体力が衰えている高齢者、または犬に対する恐怖感などを抱えている人にとっては、特に大型犬などに遊びに誘われることは迷惑以外の何ものでもありません。ペットとしてのみ生活をしている犬にとっても、呼び戻しの訓練がしっかりとできていることは、安全に、かつ社会に迷惑をかけずに生きるために、絶対に必要となる条件でしょう。もっとも公園などの公共の場所で放してしまうということは、いくらこの訓練ができていてもあまりお勧めできることではありません。もしも離れてしまった場合には、すぐに対処できるように呼び戻せる犬に育てておく必要はありますが、猫が飛び出す、食物が落ちている、子どもが騒ぎながら走って逃げる等々、犬の本能や衝動が勝ってしまうことが多々起こり得る世の中においては、本当に責任のある飼い主であれば、そう簡単にリードを離してしまえるものではありません。そしてAAA、

ＡＡＴの現場が求めているのも、この責任ある飼い主なのです。

このような点をすべて審査するのが適性評価の前半部分です。今まで記述してきた項目を、より明確に検定項目という形にして実施している「優良家庭犬普及協会」の試験の内容の要約を、この種の検定の例として以下に記載します。同協会は、社会に立派な市民として受け入れられる犬を定義し、それに基づいて年間数回の検定を国内で実施している組織であり、その検定自体ペット・パートナーズのアニマル・エバリュエーションと同様に、アメリカン・ケンネル・クラブのグッド・シチズン・テストをベースにしています。これはあくまでも適性評価の訓練項目のみの参考になるものであり、さらに適性項目がそれに加えられなければ、ＡＡＡ、ＡＡＴ参加動物を評価することはできません。

■優良家庭犬普及協会　合否判定の基準概要　[2002.03]

［グッド・シチズン・テストの目的］

1. 誘導訓練により育成された飼い主と犬の健全な関係を社会に普及していく
2. 最少のハンドリングで両者が最高の喜びを互いに得ながら活動している姿を見せる
3. 周囲に対して犬とハンドラーが提示する姿が不快感を与えない

試験会場全域に渡る失格項目

●試験の時間は予め連絡されるが、試験会場全域とは、この時間中、またその前後、試験官達の眼下におかれるあらゆる場所をいう

●前記の定義に基づいた「全域」において、優良な市民とみなし難い行為があった場合には退場になり、試験は受けられないこともある

●これらの行為に関しても、助手及びバッジ等着用の事務局全員が監視義務を有し、判定員に報告する

●事務局のしるしを着用していない第三者の報告事項には、判定員は影響されない

●既に全テストに合格している場合でも、以下のような行動が見られた場合には失格となることもある

▼人間（飼い主も含む）及び他の犬に対する攻撃的行動

▼過剰に吠える、鳴く（2～3回以上）

▼あまがみでも咬む行為

▼うなり声を上げる

▼飛びつく（遊びであっても）、「アウト・オブ・コントロール」、遊びであっても他の犬や人間に対して乱暴すぎる
▼マウンティング行為
▼リードを強く引く
▼頭突きや体当たり等のコントロールの効かない行動
▼不適切な場所での排泄
▼飼い主が常時犬の鼻先が向いている方向を把握していない
▼糞の始末をしない
▼飼い主が他の人間や犬に対して礼儀正しく振る舞うことが出来ない
▼テスト会場から見える範囲で犬がオフ・リードにされている（いかなる場合でも）
▼テスト会場から見える範囲で犬に矯正、罰、乱暴な訓練が施されている
▼会場内での過剰な練習、訓練
▼会場内でスタッフや他の人を巻き込んでの練習
▼その他優良な市民となるべく者、犬にとってふさわしくないと思われる行為

【テスト項目】

1. ビニール袋を提示

受験者はスタートラインにつく

判定員または助手：挨拶をし、首輪とリードを確認し、項目を読み上げる

犬　：座っている必要はないが、おとなしくしていなければならない

判定員：「用意はいいですか」と聞いて、ビニール袋の提示を求める（飼い主はこの時、それを携帯していなければならない））

飼い主：袋を見せる

判定員：「終わり」を告げ、次の項目に進む

■失格になること

▼袋を携帯していない

2. 飼い主が他人に挨拶をする間、座って待つ

判定員：「項目2」と告げる。受験者をスタートラインにつかせ、用意ができたか聞く

飼い主：「はい」もしくは「待って下さい」

飼い主：必ず犬に「マテ」をかける（この時点から犬は座り続けていなければならない）
判定員：「他人」に合図する
「他人」：犬は無視する。飼い主から１ｍ程度のところの正面に立ち、おじぎをしてから一
　言二言挨拶をする
飼い主：おじぎをして挨拶を返す。この間犬は座っていなければならない
「他人」：犬に背を向け、来た道を戻る
判定員：「終わり」を告げる

■失格になること
▼吠える
▼うなる
▼立つ
▼伏せる
▼飛びつく
▼後ずさりをする
▼恐怖反応を示すボディ・ランゲージが見受けられる

▼攻撃的なボディ・ランゲージが見受けられる
▼号令に3秒以内で反応しない（判定員の「いいですか」に「はい」と答えたらすぐ始めること）
▼用意に時間がかかりすぎる（項目が告げられてから6〜10秒）
▼「マテ」の後、飼い主が4回以上の号令（声符・視符・補助）をかける

3. 座って他人に触れられる

判定員：項目を告げ、用意が出来たか聞く
飼い主：「はい」もしくは「待って下さい」
飼い主：「マテ」を必ずかける（ここから判定が開始される）
犬　　：この時点から座り続けていなければならない
判定員：「他人」に合図をする
「他人」：正面で止まり、犬に触れても良いか飼い主に聞く
飼い主：「どうぞ」もしくは「待って下さい」（この場合でも犬はずっと座り続けていなければならない）

ここで飼い主は補助手段や追加的号令を用いても良いであろう（制限範囲内で）、1回以上「マテ」と言えば、その都度個別の号令として数えられる

「他人」：正面から犬に近づく

□手を出してにおいを嗅がせる

□目線を合わせる

□上から犬の頭に手を伸ばす

□頭部と肩を軽く触る（3秒）

□犬の後ろへ抜けて立ち去る（50㎝以内）

判定員：「終わり」を告げる

■失格になること

▼立ち上がる

▼ふせる

▼後ずさりをする

▼恐怖を示す

▼嫌がる

▼興奮しすぎる
▼噛みつこうとする
▼座ったままでも吠える
▼座ったままでもうなる
▼飛びつく
▼シャイなボディ・ランゲージ
▼攻撃的なボディ・ランゲージ
▼「終わり」が告げられる前に立つ
▼座ったままで手に「頭突き」をする（友好的でも）
▼約4回以上の号令（声符・視符・補助）
▼手を避けようとする、その他の大きな動き
▼少しでもお尻が床から離れる
▼触れる前でも、判定員及び「他人」は、犬が恐怖や攻撃性を示した場合には失格にすることが出来る

4. リード付きで歩く

判定員：項目を告げ、用意が出来たか聞く
飼い主：「はい」もしくは「待って下さい」
判定員：「はい」と言われた時点でスタートの指示を与える
飼い主：設定されたコースを歩く
判定員：「終わり」を告げる

散歩コース

□地面に線で予め描かれている
□約一分間歩く（15ｍ～20ｍ）
□犬は左右いずれにつけても良い。但しリードを引かずに飼い主の側を歩かねばならない
□コース線上の横線が引かれている所で飼い主は一時停止をし、犬は飼い主と同じ方向を向いて座らねばならない（判定員の指示は出ない）
□犬は2～3回以上においを嗅いではならない
□一時停止後、判定員の指示を待たずにすぐ歩きはじめる

□このテストはスタートラインで犬を座らせてからスタートし、再度そこに同位置で座らせて終わる

□コースには、最低一回ずつの右折と左折、180度の方向転換（右回りでも左回りでもどちらでもよい）、オスワリ、速度変化が含まれる

□判定員もしくは助手が速度変化の指示を出す

「速く」：普通の速度から明らかに速くなければならない。また「普通」と指示されたら元に戻す

「ゆっくり」：普通の速度から明らかに減速せねばならない。また「普通」と指示されたら元に戻す

■失格になること

1. 約10回以上の号令（声符・視符・補助）をかける
2. 歩行コース中約30％以上リードが引っ張られている
3. 犬の頭部が、大半を通して飼い主の足より約0.5メートル以内にない
4. 号令後約3秒以内で座りはじめない

▼おもちゃやフードを見せる（持っていてはならない）

▼犬がリードを突然引っ張ったり、引き続ける「アウト・オブ・コントロール」
▼「速く」、「ゆっくり」の速度変化が明確ではない
▼2～3回以上においを嗅ぎ続ける
（項目1～4は助手が監視を行い、確認する）

5. リード付きで人込みを歩く

判定員：項目を告げ、用意が出来たか聞く
飼い主：「はい」もしくは「待って下さい」
判定員：「はい」と言われた時点でスタートの指示を与える
飼い主：人込みの中を歩き、障害物の横で犬を座らせて止まる
判定員：「終わり」を告げる

歩くコース

判定員が、受験者が向かって歩く目標を提示する（椅子、鉢植え、スーツケース、道路標識用コーン、ポール等など）。それに向かって約4.5ｍ（約15フィート）直線的に歩く。障害物を自分の左に見ながらその周囲をU字型に回り、スタートラインのほうを

向いてその横に停止し、犬を座らせる。この間3人の「人込み」が犬の前後を歩き回る。止まらずにその中を歩く。犬や子どもは「人込み」には含まれない。「人込み」は犬を見ることはあっても触ることはない。条件は会場によって異なるかも知れない。テスト4と同じ判定基準であるが、号令は約3回（9回ではない）に限られる。

■失格になること

▼犬が人込みの誰かに対して

▽飛びつく

▽飛びつこうとする

▽リードをひっかける、からめる

▽吠える

▽追う

▽においを嗅ぐ

▽かみつく、くわえようとする

▽うなる

▽恐怖反応を示す

▼障害物に犬が関心を示しすぎる
▼障害物をリードに巻き込んでしまう

6. 各種「刺激」の中を歩く

犬　：飼い主と障害物の横に座った状態からスタート
判定員：項目を告げ、用意が出来たか聞く
飼い主：「はい」もしくは「待って下さい」
判定員：「はい」と言われたらスタートの指示を出す
飼い主：犬とスタートラインに戻り、方向転換をし、犬を座らせる
判定員：「終わり」を告げる

歩くコース

スタートラインまで戻る際に再度「人込み」が登場するが、今度は各自「刺激」を用意している

①臭覚刺激—スナック菓子の袋をガサガサさせる
②視覚刺激—左記の中から当日選択される

全ての犬に同じ刺激が用いられるとは限らない

③聴覚刺激――〃

◇子どものおもちゃで、引っ張って動かすものを引いて通る
◇サッカーボール程度のボールをつく
◇空き缶の入ったビニール袋を落とす
◇ショッピング・カート、自転車、ベビーカー等を押して通る
◇ジョギングしている人が通る
◇スケートボードで人が通る
◇後方で本が落ちる
◇大声で誰かが挨拶をする
◇人形か動物を抱いた人が通る
◇杖、松葉杖、車椅子の人が通る
◆刺激は犬の一メートル以内には近づかない
◆常識的なものとして、過剰に犬を驚かせるものとはしない
◆関心を示すことは直ちに失格につながる訳ではない。驚きも同様であり、回復の速

さも大切である

◆判定基準は4と同様である。但し号令の回数は約3回(9回ではない)である。また飼い主の足の0.5メートル以内に犬がいる。リードがコースの30%以上張った状態にない

■失格になること

▼犬が恐怖、攻撃的行動、追いかけ行動を見せた場合

7.飼い主の横でフセ、マテ10秒間

判定員:スタートラインを示す

飼い主:犬をライン上で常識的な時間内に落ち着かせる

犬　:座った姿勢から始める

判定員:項目を告げ、用意が出来たか聞く

飼い主:「はい」もしくは「待って下さい」

判定員:「フセ」をさせるよう指示する

飼い主:犬に号令を出す

〃　：かならず「マテ」をかける。ハンド・シグナルを出す際に多少かがんでも良い
　　　ここから判定が始まる

犬　：10秒間フセを保つ

判定員：「終わり」を告げる

■失格になること

▼飼い主がしゃがむ、ひざまずく
▼約4回以上号令（声符・視符・補助）を出す
▼号令（声符・視符・補助）が出しっぱなしになる
▼判定員が終わりを告げる前に犬が起きてしまう
▼2〜3回以上吠える、鳴く
▼犬が飼い主と全く違う方向に体を向けてしまう
▼飼い主が立ったままでいられない（ハンド・シグナルの時に体を曲げるのは良い）
▼犬の体に触れてフセをさせる

（注）テストの間は、犬の動きはある程度コントロールされていなければならないが、「オスワリ」に3秒以内で反応しなくとも良い。常識的には6〜10秒以内

8. 飼い主から1.8m離れて30秒「オスワリ・マテ」

飼い主：リードが短すぎる時は1.8m(6フィート)のものを判定員から借りる
判定員：スタートラインを示す
飼い主：犬をライン上で常識的な時間内に落ち着かせる
犬　：座った状態でスタートしても良い
判定員：項目を告げ、用意が出来たか聞く
飼い主：「はい」もしくは「待って下さい」
犬　：既に座っていなければ、号令に3秒以内に座り始めねばならない。「はい」と言う前に、犬は座ってていなければならない
飼い主：常識的な時間内に準備が出来なければ退場(6～10秒)
〃　：判定員に「離れて下さい」と言われるまでは、飼い主は犬から離れてはいけない
その時に必ず「マテ」をかける(ハンド・シグナルの際に体を曲げても良い)
ここから判定が始まる
犬　：「マテ」の後ヒールポジションで座ったままでいなければならない

飼い主：指定された目印まで離れ、犬のほうを向き、リードにたるみをもたせて持ったまま立つ
判定員：30秒後犬の所へ戻るよう指示する
飼い主：ヒール・ポジションに戻り、待つ
判定員：「終わり」を告げる

■失格になること

▼飼い主がしゃがむ、ひざまずく
▼約4回以上の号令（声符・視符・補助）、号令（声符・視符・補助）の出し続け
▼「終わり」の前に犬が立つ、伏せる
▼鳴く、吠える
▼飼い主が立ち続けられない（ハンド・シグナルの際に体を曲げるのは良い）
▼犬の体に飼い主が触れる

9. 活発に動かしてから落ち着かせる

判定員：テスト8が終わった直後に続けて行う

犬をほめて元気にさせるよう指示を出す
飼い主：ほめたり、遊んだりして5秒間犬を興奮させる
判定員：停止するよう指示を出す
飼い主：犬を静かにさせるよう号令を出す
犬　：約3秒以内に落ち着かねばならない
　立ったままでも、座っても、伏せても良い
判定員：「終わり」を告げる

犬は活発に動き回るようにならなくても良い。このテストの目的は飼い主が犬をほめて喜ばせることが出来るか、そして犬がそれに反応するかを見ることである。同時にテスト中の緊張感をほぐす役割もこの項目は果たしている

■失格になること
▼アウト・オブ・コントロール
▼約3秒でも止められない
▼止めるために犬の体に触れる
▼止めるためにきつくしかる

▼リードで引いて止める
▼犬が飼い主の働きかけに全く喜びまたは関心を示さない

10.呼び戻し（6mのリード付き）

判定員：スタート・ラインを示す
助手　：飼い主が離れる前に、犬にロング・リードをつける
判定員：リードを首輪の近くで持つ（助手の場合もある）
飼い主：通常のリードをはずす
　犬から離れる準備をする。犬は立っていても座っていても良い
　（途中で犬が体勢を変えても良い）
助手　：ロング・リードの先端を持つ
判定員：飼い主の準備ができたか確認し、「離れる」指示を飼い主に出す
飼い主：所定の位置まで離れ、犬のほうを向いて立つ
判定員：呼び寄せる指示を出す
飼い主：声符・視符または両方で犬を呼び寄せる。犬が寄ってきたら足を動かさずに（一

歩前へ出たりせずに）通常のリードをつける。小型犬の場合かがんでも良い
犬　：リードを付けられる前もしくはその直後に座らねばならない
判定員：犬が座ったことを確認するまでは、「終わり」を告げることはしない

ロング・リードは犬が巻き込まれぬよう横のほうに出しておく。助手がその先端を持つ。離れる際に飼い主は正式な「スワレ・マテ」をかけることはしない。判定員もしくは助手が犬に話しかけたり、撫でたり、飼い主が見えないよう前に立ったりして犬の気を引きつけるが、興奮しやすい犬をいたずらに舞い上がらせたり、臆病な犬を怖がらせたりしないよう配慮する。犬は、落ち着いている、友好的である、もしくは知らぬ顔をするであろうが、いずれも良しとする。しかし恐怖反応や攻撃性を見せてはならない。体の位置は動かしても良い。犬のリードを他者が持つこと自体性格診断でもあり、リードを持つために近づいた時からテストは始まっている。

呼ばれたら犬は真っすぐ飼い主のもとへ行かねばならないが、多少においを嗅ぐこと、減速すること、また緩い弧を描いて行くことは良しとされる。飼い主が体を動かして犬をつかまえねばならないことにならない限り、犬が多少足元で動き回っても構わない。ロング・リードがもしからまってしまった場合には、助手が補助を加えてテストを続行す

る。

■失格になること

▼犬がリードを持った他人に恐怖又は攻撃性を示す

▼犬がリードを持った他人に飛びつく、あまがみをする（友好的でも）

▼犬が飼い主に飛びつく（多少触れるのは良い）

▼飼い主がしゃがむ、後退する、号令を出し続ける（体を曲げることを含む）

▼飼い主が犬の首輪をつかむために足を動かさねばならない。小型犬の場合かがんでも良い

▼約4回以上の声符・視符の号令

▼犬が直接飼い主の所へ行かない。3秒以内に反応しない

▼常識的な時間内に、飼い主が犬にリードを付けられない

▼犬が繰り返し吠える、あるいはコントロール不能（アウト・オブ・コントロール）になる

11. 他の犬とのすれ違い

判定員：スタートラインを示す

飼い主：犬を座らせる
判定員：用意が出来たか聞く
飼い主：「はい」もしくは「いいえ」
判定員：歩く指示を出す
飼い主：指定された所を歩き終わったら向きを変え（来た方を向く）犬を座らせる
判定員：「終わり」を告げる

他の犬とハンドラーは最低5〜6m離れた所から歩いてくる。犬を外側にして、人間同士約50cmの間隔ですれ違う。その際一時停止し、犬を座らせ、おじぎ（挨拶）をする。犬は他の犬に対して、「多少気に留める」程度の関心を示すにとどまらなければならない。

判定基準はテスト4とほぼ同じである。
約5回（9回ではない）の号令（声符・視符・補助）しか出せない。

■失格になること
▼恐怖もしくは攻撃性を示す
▼アウト・オブ・コントロール

▼約50㎝以内まで相手の犬に近づく
▼約3秒以内で座らない
▼大半を通して、犬の頭が飼い主の足から約0.5メートル以内のところにない
▼歩いている間の約30％以上リードが引っ張られている
▼飼い主が犬をコントロールするために押さえたり、体に触れたりしなければならない
　状態

12. 犬の四肢をタオルで拭く

判定員：項目を告げ、所定の場所とタオルを示す
用意が出来たか聞く
飼い主：「はい」もしくは「いいえ」
判定員：「終わり」を告げる

　拭かれている間、犬は立っていても、座っていても、伏せていても構わない。また、同じ位置を保たなくとも良い。

　小型犬は抱き上げて拭いても良い。拭かれている間、犬は比較的おとなしくしていな

ければならない。

濡れた泥足を拭くつもりで拭かねばならないが、各足に3秒以上かける必要はない。

このテストは11の直後にやる場合と13、14、15いずれかの直前にやる場合がある。

■失格になること

▼あばれる、逃げようとする

▼活発すぎる

▼手やタオルに歯を当てる

▼うなる、かむ

▼飼い主が乱暴すぎる

13.食事中テーブルの下で待つ

判定員：（もしくは助手）が所定の場所を示す

飼い主：食事の場所へは指示が出てから入る。犬を落ち着かせるためにある程度時間をかけても良い（約30秒）

判定員：用意が出来たか聞く

飼い主：「はい」もしくは「いいえ」

判定員：全員が「マテ」をかけたらテストをスタートする

　10分間たったら「終わり」を告げる

　このテストの目的は、犬が静かに、レストランの中でも目立つこと無く過ごせるかどうかを見ることである。犬の体は、ウェイトレス等が通った場合につまづくことのないように置く。飼い主は、テスト中、リードは手に持ったままにする。もし食べ物が落下したら、飼い主は犬がそれを食べないように、またその場所に行かないようにすることができることを見せなければならない。

　飼い主はこのテストを、同時に複数の犬を連れて受けることは出来ない。犬は飼い主が食事をする10分間、椅子、テーブル、または両方の下で伏せていなければならない。清潔なタオルもしくは薄い毛布などを持ち込んでも良いが、犬が上に伏せるだけの大きさにしておかねばならない（大きすぎないよう）。ドッグ・ベッド、マットレス、大型の毛布、クレート、キャリー・バッグ等は使用できない。犬が待っている間眠ってしまっても良い。すぐに再度伏せれば、多少テスト中に犬が動いても良い。例えば犬が立ちあがってしまったら飼い主はすぐに「フセ」の号令を出す。そこで約3秒以内に従えたら良しとする。テストの準備段階において、テーブルの下に犬を落ち着かせている時以外は犬の体に触れてはならない。リードを足で踏んでいても構わないが、その際リードが引っ張られた状態になっていないようにしなければならない。家具にリードを縛り付けてはならない。おもちゃ、フード使用禁止。一つのテーブルにつき、飼い主・犬が2組以上つくこともある。その場合、飼い主は犬同士が顔を合わせないよう、向きに配慮する必要もあろう。テスト中、ウェイトレスが周囲を歩くといったレストランの状況が再現される。

このテストの為に食事を持参しなければならないかどうかは、会場毎に事前に発表される。

テスト中、飼い主は食べ物を実際に食べなければならない。

■失格になること

▼最初の準備以後飼い主が犬の体に触れる
▼飼い主、犬がレストランにはふさわしくない行動を見せる
▼飼い主、犬が目立ちすぎるようなことをする
▼犬が数秒単位でしか伏せていられない

▼犬に食べ物を飼い主が与えてしまう（レストランの中ではいかなる時でも失格とみなされる）

14. 留守番・クレートに入り、10分間飼い主を待つ

飼い主：判定員の指示が出るまでクレートの側で待つ
判定員：用意が出来たか聞く
飼い主：犬をクレートに入れ扉を閉める
判定員：10分たったら飼い主を呼び戻す

一部屋一頭で行う場合もあれば、一部屋に数頭の犬が入る場合もある。（犬は抵抗せずにクレートに30秒以内に入らなければならない）ハンドラーは全員部屋の外に出る。会議室やホテルの部屋にいられるほど犬は静かでなければならない。

1～2回鳴いたり、小声で1～2回吠えたりしても失格とはならない。アボア・ストップ（シトロネラ）を実際に作動せぬ状態にしてあれば用いても良い（ダミーとして）。クレート内では犬からリードをはずす。適切なクレートがテスト用に準備されていること

を確認するのは飼い主の責任である。言いかえればクレートを持参するということである。ゴム、皮、ヒズメ等で出来た静かなおもちゃは入れても良い。フード、またはフードを入れたおもちゃは使用禁止。クレートにカバーをかけても良い。

クレートの周辺を他人が通るかも知れぬが、犬に話しかけることはない。10分経過する前に犬が失格となった場合は、飼い主が呼ばれテストが行われている部屋から犬を連れ出すよう指示される。

飼い主が10分後クレートに戻った時点でテスト14は終了する。

＊優良家庭犬パスポートの各オプション

A. 犬は飼い主なしで留守番（JAHA必須）

B. 条件付きパスポートの発行として

飼い主がクレートの横にいることも出来る。（この場合静かにしていたとしても条件付きとされてしまう）

テスト12開始前に飼い主はA、Bいずれかを選択せねばならない。飼い主なしで失格となった犬には、同日に再度「条件付き」の再試験はない。

■失格になること

▼2～3回以上吠える、鳴く
▼歩き回ったり、引っかいたり、おもちゃでうるさく音をたてる

15. 獣医師による検診とグルーミングチェック

このテストは獣医科における検診のシミュレーションである。やり方は担当獣医師の通常の方法に従う。

これはまた性格診断とグルーミングのチェックでもあり、判定員は獣医師である。判定は獣医師が診察台へ来るよう指示を出した時から、台から降りその場を去るまでの間行われる。

獣医師または助手による、ある程度の抑制及び目線を合わせる行動を、犬は受け入れねばならない。

会場でブラシなどは用意してあるが、ブラシ、くし、ミトン等を持参しても良い。飼い主は獣医師の指示に従わねばならない。犬に話し掛けることや、犬の体を支えることなどの指示が出されることもある。

犬は必ず何らかの台に乗せられる。台に犬を乗せたり、おろしたりする作業は獣医師

がやることもあるが、飼い主や助手に補助の指示が出ることもある。超大型犬の場合、台に上げないこともある。

獣医師は白衣を身につけ聴診器をかけている。目、耳、四肢、尾等体のあらゆる部分に触れる。また、ブラシで最低3回は毛をとかす。

■失格になること

▼体毛の汚れ、毛玉、臭い、寄生虫

▼歯の汚れ、爪が伸びている

▼肥満

▼やせすぎ

▼恐怖反応、攻撃性

▼動きすぎ（検診できぬほど）（友好的でも）

◇その他病気の症状など、獣医師が専門的な立場から判断を下す場合有り

（獣医師の判断で不適当と思われる身体的、精神的症状）

▼健康状態が良好ではない（現在治療中の疾患ありという診断書を主治医が出していても、最終的な判断は会場の担当獣医師が下す）

▼飼い主が犬の動きを抑制するのに号令、ハンドリング等をすぐに用いねばならない

優良家庭犬普及協会事務局
東京都八王子市四谷町1917-36-201
http://www.cgcjp.net/

この検定を他の動物に受けさせる場合、どのような工夫をすれば良いのかを次に説明します。この方法はペット・パートナーズのアニマル・エバリュエーションのマニュアルの中に、より詳しく記載されていますが、ここではその基本を元に説明をすることにします。

前述した優良家庭犬の検定項目別に見ていきましょう。1から3までの、飼い主に第三者が近づいてきたり、動物を撫でたりする項目は、猫、ウサギ、モルモット等々の小動物は飼い主に抱かれたまま、あるいはバスケット等に入り、それを飼い主が抱えた状態で行うことができます。当然合格条件は「オスワリ」をして待てるということではなく、飼い主の腕の中でじっとしていられる、というものに変わります。ここでも腕から飛び出したり、撫でようとする人の手から逃れようともがいたり、また逆に攻撃したりすれば失格で

す。4、5、6の歩く項目は、動物は抱かれたままで、犬と同じコースを飼い主が歩けば良いのです。これもやはり刺激に驚いて逃げ出そうとする、というような極端な反応が出れば、失格ということになるでしょう。7、8の待つ項目は、動物または動物を入れたバスケットを飼い主が他者のひざの上に乗せ、犬と同じ秒数じっとしていられることを確認する、というかたちで実施できます。9、10は、犬以外の動物にはあまり関係がないでしょう。ここでは3人のスタッフに順次抱かれる、というテストが実施されます。11はやはり抱かれたまま、他の犬とのすれ違いを実施します。この時に異常におびえたり、腕から飛び出そうとしたり、暴れたりしたら失格になるわけです。

このようにして、訓練項目を他の小動物用に変えていくことは可能であり、事実ペット・パートナーズが運営しているシステムではそのようにしているのです。

次の適性項目に関しては、動物の種類は問わず、まったく同じ内容の検定を行うことができます。訓練項目と同様に、小動物は飼い主が抱いた状態で（バスケットに入れることを含む）受ければ良いのです。ペット・パートナーズの検定に含まれる主な項目をここで列挙してみますが、詳しい検定内容に関しては、「ペット・パートナーズ・アプティテュード・テスト」（PPAT）を参照して下さい。基本は次のような項目に対する、動物の反応のチェックです。

項目A：全身の検査

　これは技術テストの項目15のグルーミングと外見のチェックに似ているのですが、ここでは審査員はより一層「しっかりと」動物を触ります。動物の両耳をのぞき、口腔内（歯）もチェックし、かつすべての足の先まで触ります。おなか、生殖器周辺、尾のつけ根から先端まであらゆるところに人の手が伸びてくるのを動物はおとなしく、友好的に受け入れなければなりません。これは犬のみならず、猫、うさぎなどに対しても実施します。本当に人間の手に慣れている訪問活動向きの人好きなうさぎであれば、口唇のあたりを指で持ち上げられたりしてもかみつくことはしません。逆の言い方をすれば、うさぎがそのような状況にあるのを見たことがない人が多いということは、いかに「触れ合い」に不向きな個体がいままで平気で使われてきたかということなのでしょう。

　尾に触られることは多くの犬にとってあまり楽しいことではありません。でも活動の現場では、何も知らない子供やお年寄りにいきなり尾を触られた時に、犬が思わず「何すんだよ！」となり声を上げでもしたらたいへんなことになるのです。適性審査は、全体を通して人と動物のその時の反応が本当の現場であったらどう受けとめられるかということを考えながら、評価が下されていくのです。

項目B：過剰なあるいはぎこちない撫で方

施設によっては、身体障害や言語障害のために、健常者と同じような接し方を動物に対してできない人もたくさんいます。手先で上手く動物を撫でられないために、肘や握りしめた手（こぶし）で動物の体に触れようとする人もいるでしょう。子供が興奮して甲高い声を上げながら、「ごしごし」と動物の体を撫で続けてしまうこともあるでしょう。このような時にも、パニックを起こしたり、嫌がったりせずに、その場にとどまることができる動物でなければ訪問活動はできないのです。また、このようなことが起こった時でも、落ち着いて自分の動物を安心させられるような態度をとることができる飼主でなければ、ボランティアは務まりません。この項目を実施する際に、審査スタッフは実際に奇声を上げたり、動物を「非日常的」なかたちで触ったりします。そして、そのような接触に対する人と動物双方の反応が評価されるのです。

項目C：きつく抱きしめられる

かわいい動物を抱きしめたいという欲求は誰にでもあるものです。しかし、通常は、他人のペットをいきなり抱きしめたりすることは「非常識」な行動であるという考えが働き、私達はそのようなことをすることはありません。しかし、活動の現場においてはそのような「常識」を理解できない人もいるでしょう。また、たとえ理解していたとしても、自らの欲求や衝動を制御することのできない人々もいるでしょう。飼主が活動中に周囲の動向にいくら気を配っていたとしても、突然このような行為を展開させてしまう人間に対応することはとても困難なことなのです。言いかえれば、自分の動物に突然誰かが抱きつこうとすることを常時未然に防ぐことは、まず不可能であると考えなければなりません。となると、やはり不測の事態に備え、たとえそれが起こったとしても、動物も飼主もあわてることなく普通に受け止めることができるかどうかを事前に調べておくしかないということになるのです。

項目D：よろよろした動き、様々なジェスチャーをする人

医療施設には病気や障害のために健常者とは異なった動作を展開させる人々が多数い

ます。また歩行器、松葉杖、車椅子等の補助具を使用しながら近づいてくる人、長い寝巻等を身に付け、動物の視点からすればやや風変わりな格好をして近づいてくる人など、いつもと違った状況に遭遇することもしばしばあるのです。私達健常者が病院や施設に足を踏み入れた時には、常にその「違い」に気がついているはずです。そしてその「違い」を奇異に感じてしまう人も決して少なくないはずです。物事を理解する能力のある人間ですらそうであれば、それが動物達にとってはどれほど「不思議」なことであるかを私達は理解しておかなければなりません。

例えば、飼主がフード付きのオーバーをまとっただけで吠えてしまうような犬は、頭から包帯を巻いた患者さんに出会ったらどうするでしょう。あるいは、自分の家族が手や足を大きく振っただけで怖がったり過剰反応をする動物が、障害ゆえに誇張された動作でしか動くことのできない人を見たらどうするでしょう。このようなことは十分起こり得ることであり、それらを事前に考えずに活動の現場に出ることは絶対に避けなければならないことなのです。

項目E：怒鳴り声

動作同様、声のトーンや大きさなども医療施設においては「日常的」ではない場合があります。特に子供やお年寄りのように、どうしても自らの欲求が先に立ってしまう人々の集団においては、しばしば動物をめぐって（あるいは他の原因で）小ぜり合いが起こってしまうものです。ペットを飼っている方々はわかっておられるかもしれませんが、たとえ自分が怒られている訳ではないとしても、多くの動物は目の前で人間同士が大声を出し合うと何かと反応をするものなのです。怖がってしまったり、逆に一緒に興奮してしまったり、いずれにしても訪問中にこのような反応をされては困ることは言うまでもありません。

この項目を実施するにあたっては、審査スタッフは決して動物に対して大声を上げる訳ではありません。あくまでも2名のスタッフが10秒程度互いに怒鳴り合うだけですが、それでもこのような状況に対する人と動物の反応を見るには十分なのです。

項目F：背後からぶつかられる

このような事態も、やはり飼主は極力避けるように気を付けていかなければならぬことなのですが、どのように注意していようとも100パーセントそれが起こらないようにすることは不可能なのです。動物にとって背後から接触されることはとても怖いことなのです。しかし、飼主を信頼し、かつ安定した性格の個体であれば、決して過剰に反応することはありません。これも活動前にチェックしておかなければならない重要な事柄です。

項目G：数人に囲まれ、撫でられる

これは訪問中にしばしば起こることです。たとえ活動自体が一対一のものであったとしても、施設内を移動する際に職員や他の患者・訪問者などに取り囲まれてしまうという体験は、多くのボランティアが経験していることなのです。技術テストの際に他人に撫でられるという項目がありましたが、ここではさらにステップ・アップし、複数の他人に同時に撫でられるという状況を作り出すのです。言うまでもなく、これは少しでも人間不信や不安感を有する動物にとっては非常にストレスのかかる状態であり、決して楽に受け入れることのできぬものでしょう。しかし、もしそうであれば、その個体は活動に向いてない訳であり、無理に現場に出すべきではないということになるのです。

この項目を実施するにあたっては、審査スタッフが3名で動物とハンドラー（飼主）

を取り囲むようにしますが、実際の現場ではより多くの人間に取り囲まれてしまうこともあるでしょう。むろん極端な事態はここでも飼主がなるべく避けるように努力しなければならないのですが、かならずしもそうすることができないために、このようなチェック項目を入れておかなければならないのです。

項目H：「放っておきなさい」

これは犬に対する「号令」の一種で、訪問活動にとってはとても大切なものです。施設等の床にはいろいろなものが落ちていることがあります。食物や薬などが落ちていることもあるでしょう。いずれにしても、特に犬は地面に落ちている物に強い関心を示し、口に入れてしまおうとします。もちろんはじめからそのような衝動を抑制するトレーニングは必要ですが、万が一の時のために、飼主が犬の注意を瞬時に自分の方に引きつける能力を有している必要があるのです。実際の試験は、床に犬用の玩具を置き、その横を飼主と犬に歩いてもらうというかたちで行われます。

項目I：おやつを差し出される

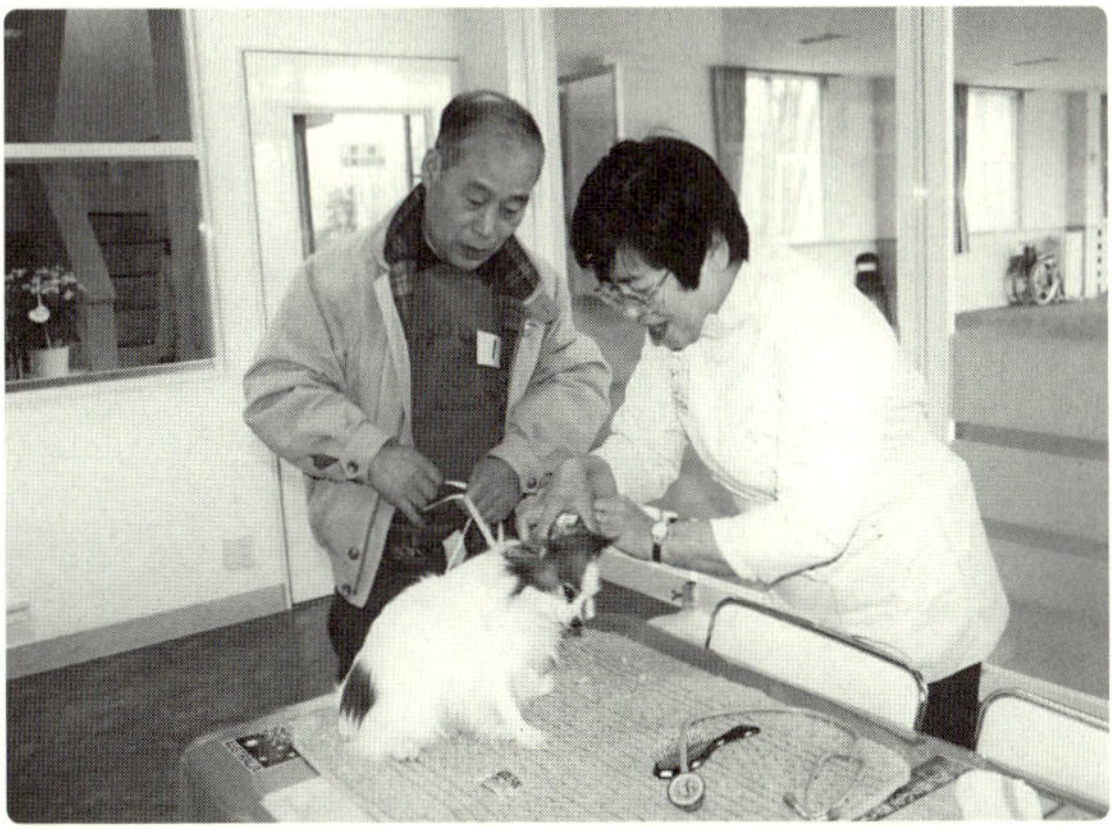

獣医師による検診中にどこをさわられても大丈夫かどうか、一般の飼い主も自分のペットの自己診断をしてみて下さい

訪問中にお菓子を動物（特に犬）に与えようとする人に出会うことがあります。その際には、飼主はそれを丁寧に断っても良いでしょう。「健康上の理由で決まったものしか与えないようにしている」というような説明をすれば、気を悪くされる方もいらっしゃらないでしょう。もちろん『食べさせても良い』と飼主が判断し、かつその場で与えても構わないと思ったら、食べさせても良いでしょう。しかし、いかなる場合においても、患者が差し出したものを犬が勝手に食べるということは決してさせてはならないことなのです。

何を与えられてしまうかわからないという意味では、動物にとって大変危険なことであり、かつ人の手から食物をやさしく取ることのできない犬の場合は、与えてくれる側の手指に歯をあてて傷つけてしまうかもしれないという人間に対する危険要素も含まれているのです。この項目は、犬が差し出されたフードを勝手に取ることをしないか、また飼主の許可を得てそれをもらう時には、与える側の手に歯をあてたりしない行儀の良い取り方が出来るかなどを見るためのものなのです。

以上が適性審査の全項目ですが、それが動物にとってもハンドラーにとっても、かなり負担がかかる内容であることは良くおわかりいただけたと思います。

次に、このテストの実施に関して少々注意事項を掲げておかなければなりません。これはあくまでも「ペット・パートナーズ」の認定のために作ったものであり、それを実施するにあたっては正式なマニュアルもあります。そして実施できるのは、ペット・パートナーズの講習を受け、自らも正式な認定を受けている「アニマル・エバリュエーター」のみです。何故このような規定が必要であるか、そこを少し考えてみましょう。

まず、この認定制度の検定項目は、全て段階的に人と動物に対するストレス（負荷）が加算されるように「設計」されています。それゆえに、マニュアル通りの順序で各項目を実施していくことが重要なのです。AよりもB、BよりもC、と段々とストレス・レベルが上昇して行く中で、どこまで人も動物も安定して活動ができるかを見極めるのです。つまり、いきなり項目Fを最初にもってくる、などということは絶対にやってはならないことなのです。いわば〝ストレスの積み重ね〟となっていくこのテストのやり方もかなり細かく規定されています。何人かのスタッフが必要であり、どのような距離から、どれくらいの時間をかけて何をするのか等々、詳細に渡る実施方法の勉強をせずして出来るものではありません。また、でたらめなやり方をしてしまったら、人や動物を傷つけてしまう危険さえあるのです。このような点をしっかり理解していなければ、審査をすることもできません。

もう一つ大切なことは、審査の基準です。審査にあたって、まず心がけておくことは、このテスト方法は動物や人に反応をさせることを目的としているものではないということです。つまり『これでもか、これでもか』とストレスをかけ続け、人や動物がどこまで耐えられるのかを検証しようというものではないということです。ある一定の決められた範囲内の刺激に対して、人や動物がどのような反応を示すのかを見るのがテストの基本方針であり、その定められた範囲以上の刺激を与えられることは、たとえそれが起こる可能性が現場にあったとしても、非人道的なことであるとペット・パートナーズは確信しています。

さらに、テスト実施中に加算されていくストレスに対して好ましくない反応を人または動物が示しはじめた場合には、審査員はただちにテストを中断しなければなりません。ここで特に審査する側の技量が重要になってくるのです。例えば、抱きしめられる項目で動物が逆上したりパニックを起こしたりすれば、それはすでに審査員が大失敗をしたことになってしまうのです。その一つ前の項目でかなり「侵略的」な触り方をされている最中に、動物がそれ以上の刺激、つまり〝抱きしめ〟を受け入れることができるか否かを審査員は見当をつけておかなければなりません。誰にでもわかる大きな反応を示す以前に、動物も人もかならず自らの心理的変化を伝えるささやかなシグナルを送り出しているはずなのです。それを見逃してしまい、大きな反応を出さざるを得ないところまで相手を追い込んでしまうことは、審査員として決してやってはいけないことなのです。

そのようなことをすれば人も動物も傷つきます。テスト会場で嫌な思いをしたために、飼主も動物も立ち直れないような状態になってしまったら、それは全て審査員の責任なのです。

このようなことを考えていくと、訪問活動というものが増々敷居の高いものであると思わざるを得なくなってくるのですが、それで良いのです。このシリーズのはじめから述べているように、動物を連れたボランティア活動は決して万人向きのものではありません。時間、決意、精神的余裕、そして適性等々、あらゆる条件がクリアできなければやる必要はありません。むしろ、これらなしにやられてしまえば、受け入れ側にとっては大きな迷惑以外の何物でもないのです。

動物達が持つすばらしい癒しのパワーを語るよりも前に、今必要とされているのは、そのパワーを活用するのに必要な条件が果たして整っているか否かを判断する能力を各分野の人々に身に付けてもらうことでしょう。

以上がペット・パートナーズの実施しているアニマル・エバリュエーションの適性評価のうち、適性項目の主要な部分ですが、当然このような評価は誰にでもできるわけではありません。ペット・パートナーズのシステムでは、エバリュエーターという検定員、審査員を作るための講習があります。希望者講習を受け、後に筆記試験及び申請書類の提出があります。申請書類には、申請者のそれまでの動物を扱った経験を詳しく記入しなければなりません。むろん講習を受けたものが、皆自動的にエバリュエーターになれるわけではありません。訓練項目でもそうですが、特に後半の適性項目になると、動物の様子を一つ読み間違えれば、人もしくは動物自身が傷ついてしまう可能性のある場面が多数登場します。動物のストレスの度合いを正確に判断できなかったために、逆上させてしまうところまで「押して」しまい、検定を実施しているエバリュエーターやそのスタッフがけがをしてしまうこともあれば、動物にパニックを起こさせてしまい、精神的に傷つけてしまう危険性もあるのです。それはまさに取り返しのつかない事態であり、決して起こってはならないことなのです。ＡＡＡ、ＡＡＴ参加動物の適性評価を実施するためには何が必要であるか、詳しいことはペット・パートナーズのエバリュエーターに関する資料を参照する必要があります。ペット・パートナーズは、同分野において、実施方法及び責任と資格に関する詳しいマニュアルを発行している数少ない組織の中でも、最も完成度の高いものを提供していると言えましょう。

ＡＡＡ、ＡＡＴコーディネーターとなるためには、理想的にはエバリュエーターの資格を自らが有していた方が良いでしょう。しかし動物の評価自体をコーディネーター自身が必ずやらなければならない、ということでは決してありません。評価しなければならないポイントをコーディネーター自身がしっかりと把握していれば、それを他の動物の行動を正確に判断できる専門家に依頼することも可能なのです。ただしその際に、ＡＡＡ、ＡＡＴの適性評価の概念を、まったく知らない者しか周囲にいない場合は、どのような点を、なぜ評価するべきなのかを十分に話し合った上で依頼する必要があるでしょう。またこの評価には、動物とハンドラーの行動を単純に検討する以外にも、忘れてはならない重要な点がいくつかあります。

まず一つは動物の種類です。原則としては、ＡＡＡ、ＡＡＴ参加動物にエギゾチック・ペットは向いていません。エギゾチックとは「家畜化」されていない動物のことで、言い換えれば野生種ということです。例えば、近年ペットとして人気が出てきたと言われているフェレット、イグアナ、チンチラなども皆エキゾチックです。またイルカも同じです。

AAA、AATに参加するためには、動物は健康管理と行動管理が、かなり徹底してできていなければならないのです。これは長い年月を人類とともに過ごしてきた家畜たちに対してさえ、実施していくのは大変難しいことです。人畜共通感染症、内外寄生虫等々、人体にとっても危険と思われる因子は、家畜種においては長い間研究が続けられてきました。にもかかわらず、地域によってはそれが防ぎきれていない所もあったり、まさか、と思う時にそれらが出現したりするのが現状です。それに加え、研究し尽くされていない野生種ともなれば、リスクがどれほど大きなものになるか、そう考えるとペットとして飼育することさえ疑問に思えてくるのです。疾病、障害、加齢等々により、抵抗力が弱っているかもしれない人々のいる施設には、決してそのようなリスクを運び込むわけにはいきません。さらに犬や猫などのペットでさえ、行動上の問題やしつけの困難さで飼い主を悩ませているのですから、行動学的な情報（科学的なものと経験的なものの双方）が十分ではないエキゾチックの飼育はとても大変である、と言わざるを得ません。

適性評価一つをとっても、ストレスがかかり過ぎないよう配慮しなければならないのですが、その動物がストレスのかかった時にどのような信号を出すのかを、明確に把握していなければ配慮のしようもありません。言い換えれば、エギゾチックの場合は行動の予測可能性が家畜よりもはるかに低く、それ自体ペットとしてはもちろんのこと、リスクを最小限にくい止めなければならないAAA、AATの現場には、決して向いていないということなのです。

次に述べておかなければならないことが、動物とハンドラーを一対として扱わなければならないという概念です。動物とハンドラーは「チーム」もしくは「ペア」を組んで活動に参加しなければならないわけであり、当然評価はチームとして行われます。動物だけ別に評価をして、合格したら誰でもその動物を連れて活動できるというものではありません。またどちらか一方に適性が欠けていれば、そのチームは現場に出るべきではないのです。動物のしつけが完璧にできていても、ハンドラーが他の人間に対する配慮や思いやりに欠けているような行動を展開させているようであれば、適性評価には良好な結果が出ることはありません。また現場では、動物にとって多少のストレスがどうしてもかかってしまいます。その時にそれを上手にハンドラーが読み取り、解消させてやることができるか、もしくはすぐにその場を離れるような判断力を見せることができるか、といったことはとても重要なことです。適性評価では動物のみならず、ハンドラーのこのような資質を見抜くようにしなければならないのです。

またこれと直接関わってくるのが訓練方法の問題です。ペットの動物であろうとサーカスの動物であろうと、また様々な作業を行う動物等であっても、従来動物の訓練にはかなり強制的な要素の強い方法が用いられてきました。昔の話ですが、ある象の調教師が「一本足でバランスを取らせるためには、他の三本を痛めつければ良い」と語ったそうです。このような苦痛を与える訓練が常識であった時代も、過去には確かにあったようです。しかし基本的にこれは独裁者による恐怖政治のごとく、動物を力で服従させることに等しく、決して精神的に安定した動物を育てる手段ではありません。このような訓練を受けた動物は、ハンドラーの号令には従うかも知れませんが、「もし従わなければどうなるのか」という思いから従っているため、常にハンドラーの存在をストレスとして感じているのです。

第一章ではっきりと述べたように、ストレスのかかり過ぎた動物、自らが不安や苦痛等を感じている動物は、環境のバロメーターとしては決して人間にとって良い信号を出すことはありません。ＡＡＡ、ＡＡＴ自体、ただ単に物理的に人間と接し、体を動かさせるという類のものではなく、その根底にあるのはこの生物同士による信号の送り合いなのです。

うさぎは「家畜」ですが本当に人の手になれているものは少ないかもしれません

それゆえに、健常者よりも体調の悪い人々の只中に、強制訓練でストレスがかかっているためにハンドラーといるとリラックスができない、という動物を入れてしまうことの矛盾は、誰にとっても一目瞭然のはずです。動物が精神的にも肉体的にも良好な状態にあればこそ、人間はそこからパワーを得ることができるのであり、それが確保できない限りにおいては、ＡＡＡ、ＡＡＴを実施するべきではありません。動物に苦痛を与えることなく、作業に対する動機付けや意欲の発達を促進させていくような「誘導」による訓練が、徐々に欧米においても我が国においても注目を浴びつつあり、またそれを学ぶ機会も提供されるようになりました。コーディネーターとしては、ＡＡＡ、ＡＡＴ参加動物に関する情報の一端として、ぜひこのような訓練方法の違いや、それらに関する情報も頭に入れておかなければなりません。特に評価にあたっては、動物の様子からうかがえる精神状態と飼い主に対する感情は、すべての項目において最も重要な審査基準なのです。

もう一つ適性評価に関する重要な点は、適性は常時変動するものである、ということでしょう。それはつまり一旦適性があると評価されれば、それが人間と動物の一生を通して変わらないものである、と考えてはならないということなのです。優良家庭犬もペット・パートナーズのエバリュエーションも、２年ごとに更新しなければなりません。人間も動物も歳を取るにつれて、あるいは人生経験を重ねるにつれて、良きにも悪しきにも変わっていきます。変わっていくこと自体きわめて自然なことなのですが、AAA、AATの現場のように、リスクを持ち込むことに極力気を付けなければならない状況下では、常時安全性の「再確認」を行っていかなければならないのです。チームの概念の説明でも述べたように、評価はあくまでもハンドラーと動物を一体として実施されるものであり、ゆえにチームのどちらかが変われば言うまでもなく再評価が必要となります。最近の雑誌などを見ると、AAA、AAT用の犬を売る、と宣伝しているところもあるようですが、例え第三者が性格を吟味して、しっかりと訓練をした動物を手に入れたとしても、実際に現場へ連れて出る人間とともにチームとして良好な評価が下されなければ、活動をすることすらできないことになってしまいます。

そして最後に触れておかなければならないことは、ハンドラーの責任の最重要項目が何かという点でしょう。それは自らの動物に対する責任です。他者に迷惑をかけないよう、自分の動物をコントロールすることは言うまでもありませんが、それ以上に自分の動物を守る、という意識をハンドラーは常に念頭に置いておかなければなりません。これは適性評価を受けている最中に、「これ以上進まない方がこの子のためである」と判断し途中で退場することにはじまり、現場で突発的な出来事があった場合に、まず自分の動物の安全確保及び管理を何にも優先させて実行する、ということに至るまで、ＡＡＡ、ＡＡＴのあらゆる段階において、飼い主すなわちハンドラーが、いつも徹底して行っていかなければならないことなのです。ＡＡＡ、ＡＡＴ参加動物の適性評価としてはじまったこの章の最後に言わなければならないことは、人間側にその資格があるかどうか、それを動物の行動と表情を鍵として探っていくことこそが真のエバリュエーションである、ということです。

第5章

ボランティアの教育

コーディネーターの役割に関する章で、ボランティア教育もその一部であるというような説明をしましたが、同時にコーディネーター自身の専門的知識には限界があるという点にも触れました。それゆえ、ボランティアがどのような情報を与えられるべきかをコーディネーターは把握していなければなりませんが、それを必ずしもすべて自分が提供しなくても良いのです。

人間に関する知識は、地域の医療関係者、福祉の専門家、心理の専門家、施設管理者などに提供してもらうのが一番良いでしょう。まず人との接し方を年齢、疾患、障害や施設別に説明してもらわなければならないでしょう。その他様々な施設の種類、その特徴、地域社会におけるそれぞれの役割も、ボランティア志願者は知っておく必要があります。さらに特に重要な課題としては人権問題があるでしょう。医療施設でボランティアとして活動する場合には、施設の職員と同様に守秘義務があることを忘れるわけにはいきません。活動中に見聞きしたことは決して外部に持ち出してはいけない、ということをしっかりとボランティアに教えていかなければなりません。また同時に、活動中に接する人間に対してやってはいけないこと、聞いてはいけないことなども、特定の施設での訪問準備を開始する前に、一般論としてボランティアは聞いておくべきでしょう。

特定の施設での活動を準備するにあたっては、当然コーディネーターはその施設の体制、設備、人間等に関する教育を、ボランティアのために要請しなければなりません。施設によって立ち入り禁止の場所も異なり、担当職員の部署なども異なったりします。また活動中に使用するタオルやマット、シーツなど（例えば動物をベッドに上げる際に敷くために使用）を外部から持ち込まず、施設のものを使ってほしい、というところもあります。そのような場合はどこでそれを受け取り、どこに返却するのか、といったことをボランティア全員に知らせておかなければなりません。そのためにも活動の対象となる施設には、必ずAAA、AATに関する施設の規則及び手順を作成してもらわなければなりません。内容をどのようなものにするか、そしてそれをどのように明文化するか、などに対して助言を行うのもコーディネーターの仕事の一つです。この、ボランティアに施設の方針をしっかりと理解してもらうための、規則及び手順の明文化には、次のような項目が含まれていなければなりません。

◎施設に入ることができる動物の種類及び資格
◎施設で活動するボランティアの資格

◎動物が入ることのできる場所（立入禁止区域の指定）
◎駐車場の使用
◎動物の排泄場所
◎ボランティア及び動物の休息場所
◎患者（入居者）と動物との接触の範囲
◎事故報告先（担当者）

これは単に骨子であり、その他前述したタオル、シーツの件のように、施設ごとに加えなければならない細かい事項が多数あるはずです。しかし、ここではそれらをすべて列挙していくことは到底無理なことであり、この骨子の説明のみを行うことにします。

施設によっては、動物に対しての様々な条件が出されるでしょう。しかし実のところ、現在我が国においては、「条件」を本当の意味で出すほど施設側が情報を有しているわけではありません。むしろ「動物であれば何でも連れて来てほしい」と言ってしまうところの方が多いような気もします。しかしそれは大変危険なことであり、決して好ましい状況ではありません。したがって、この動物の種類と資格に関する項目については、当面コーディネーターが施設にふさわしい動物、そしてそれら動物を選択する基準を、施設に変わって明記していかなければならないでしょう。しかし、欧米においてはペット・パートナーズのそれをはじめとする、ＡＡＡ、ＡＡＴ参加動物の適性評価システムがすでに活用されており、施設によっては、例えばペット・パートナーズの有資格者（エバリュエーションを合格したチームに送られる名称）しか受け入れない、というようなはっきりとした条件を出すところも出てきているようです。その他に活動の内容や場所によっては、施設側が動物の大きさや種類を制限する場合もあるでしょう。そのような条件も加えて、はじめからはっきりと規則の中に書き入れておくことが必要なのです。

ボランティアの資格に関しても、欧米のように、病院などでも多数のボランティアが活躍している社会においては、施設側がそれなりの研修システムを整えているところが多くあるようです。大きな病院などはＡＡＡ、ＡＡＴだけに限らず、あらゆる作業に携わるボランティアを全員集めて、運営方針や様々な規則に関する講習会を実施しているところもあります。ゆえに、そこでＡＡＡ、ＡＡＴに参加しようとするボランティアは、まずそのような講習会に参加しなければならないのです。

次の項目は説明する必要がないほど明確なものです。施設の中で食品、調理に関係した部署には動物を近付けないでほしい、というところもしばしばあるようです。また病棟などにも、部外者の立ち入りが禁じられている場所がある場合もあるでしょう。そのようなところを含めて入ってはいけない場所、また動物を連れては入れない場所と人間だけであれば入ってもかまわない場所等も、はっきりとさせておいた方が良いでしょう。これらの事柄は口頭で伝えられたり、個別の説明書やプリントを渡されるよりも、AAA、AATの規則の中に書き入れておく方が良いのです。

駐車場、動物（特に犬）の排泄場所、そしてボランティアと動物の休息場所も、「どこでもどうぞ」と言われていたとしても、やはりできる限り場所を指定してもらった方が良いのです。これはボランティアに対して、「この活動は定められたルールのもとで正確に行動しなければならないものであり、決していいかげんな気持ちでやるべきものではない」という意識を持ってもらうことにもつながり、同時に、何も知らない職員や他の訪問者などに疑問を投げかけられた時に、自らの立場と権利を主張するための後ろ盾ともなり、ボランティアの自信にもつながっていくのです。例えば駐車場一つにしても、「そこには止めるな」というような主旨の言葉を誰かに言われてしまった場合、言葉で自分が行っている活動について説明し、どこに止めても良いと言われている、などと言ってみてもはじまらな

ボランティア・ハンドラーと動物は常に一心同体です

いこともあるでしょう。規則ではこうなっています、という点を簡単に文書として見せることができれば、ボランティア自身もいらぬ心配をする必要がなくなるわけです。

患者と動物の接触範囲に関しては、施設によっては指定した者以外とは接してほしくないというところもあれば、患者が望むのなら誰と接しても構わない（特別な病棟などを除いて）というところもあるでしょう。これもあらかじめはっきりさせておき、ボランティアたちにしっかりと教育しておかなければならない事柄です。

事故の報告先に関しては、これは当然施設側のＡＡＡ、ＡＡＴ担当者になるでしょう。しかし、必ずそうであるとは限りません。いずれにせよ、「何か」が起こった場合または何かが起りそうな事態が生じてしまった場合には、まず誰に連絡をすれば良いのかをはっきりとさせておきます。これは、コーディネーターとしては自分が施すボランティア教育の部分で、規則上の担当者に加えて自分にも連絡をするよう教えておかなければなりません。当然報告を受けた担当者からコーディネーターへの連絡はあるはずですが、施設側の話とボランティア自身の話、双方をコーディネーターは聞いておく必要があります。

このような項目を含んだ規則を施設に作成してもらうことで、それをもとに活動別のボランティア教育を実施することができるのです。

しかしその他に、コーディネーターとしては事前に対応を考えておかなければならない問題が多々あります。そしてその対応を決めてからでなければ、ボランティアの教育を実施することは困難でしょう。その一つが「無断欠勤者」の扱いです。特にAATなど一対一のセッションを行う場合には、ボランティアと動物が欠席すればセラピー自体ができなくなってしまうのです。もちろん、例えAAAで、かつ集団で活動をしている時でも、むやみに欠席することはボランティアとしては決して好ましいことではありません。コーディネーターとしては、ボランティア団体と共同でプログラムを実施している場合には、その団体の規則をそのまま対応のベースにすれば良いのですが、単独でボランティアを集めている場合には、コーディネーター自身のポリシーを明確にしておかなければなりません。これはどのようにすれば良いのかと言うと、例えば「無断欠勤」何回かでボランティア名簿から完全にはずす、もしくは一時活動を中止させる、など具体的な対応を考えておくということなのです。「無断」でなくとも　あまりに欠席率が高いボランティアの扱いをどうするか、についても考えておかなければならないでしょう。

次に、前述した項目に含まれている、事故が万が一起こってしまった場合は、その後のボランティアの扱いをどうするかを決めておかなければなりません。ここでも団体がボランティアを統轄している場合は、コーディネーターは何もする必要がないかもしれませんが、そうでない場合には、どのような事故でボランティアの活動を中止させることにつなげるのか、事故を起こした動物の扱いはどうするのか、等々をコーディネーター自身が決めておかなければなりません。言うまでもなく、事故の場合は本当のところケース・バイ・ケースの扱いしかできないと思われますが、やはり基本原則は事前に考えておかなければならないでしょう。

またもう一つだけ加えれば、事故報告ではなく、「苦情」が施設からボランティアに対して表明される場合もあるでしょう。そのような連絡がコーディネーターにきた時には、ボランティアにその内容を伝え、かつボランティア側の言い分も聞き、その対応を行う必要があります。もちろんこれも事故同様に、ケース・バイ・ケースでしか扱うことはできませんが、苦情処理の手順及び種類別の一般的対応方法はあらかじめ決めておき、ボランティアの教育の一環として伝えておく必要があります。それにはどのようにすれば良いのかという例を次に記します。

◎動物の行動上の問題

・問題行動の専門家に動物の再評価を依頼する。施設側の指摘がそこで明確化されれば専門家に対応策を仰ぐ
・専門家に指定された対策の実施後、再評価を行う
・不合格であれば活動名簿からはずす
＊以上の専門家のカウンセリングにかかる費用はすべてハンドラーの負担となる。またそれを行わない場合は活動名簿からはずす

◎人に対するボランティアの対応のまずさ

・事実の確認を行う
・指摘された内容についてボランティアと話し合う
・謝罪の必要があるとコーディネーターが判断した場合、コーディネーターとともに施設の適切な相手に謝罪を行う
・ボランティアに非がないとコーディネーターが判断した場合、コーディネーター自身が施設の理解を求めるよう努力する

◎駐車場の使い方、服装等々、「物理的」問題

・コーディネーターが問題をボランティアに伝え、可能な限り改善を求める

・次回の訪問日に改善が見られない場合は、改善されるまで活動名簿からはずす

このようにして活動の責任者が自らの立場をはっきりと打ち出し、苦情の処理方法もある程度かたち付けておき、それをボランティアの教育の一部に用いれば良いのです。

ボランティアの教育の中で、コーディネーター自身が必ず実施しなければならないのは、心構えに関する部分なのです。まず一番に行わなければならないのは、マスコミが報道している「神話」におどらされている、ボランティア志願者たちの目を覚まさせることでしょう。「AAA、AATは、かわいい自分のペットと有意義な時間を過ごし、楽しみながら社会貢献ができるすばらしい活動である」という角度から入ってきた人たちに、言わば冷水を浴びせるところからはじめるのです。ボランティアと動物が受けなければならない適性評価の内容の厳しさ、医療施設などへ入っていくことに伴う責任、等々をまずしっかりと説明した上で、本当に自分が関わっていきたい活動かどうかをもう一度良く考えてみるよう促すのです。さらにAAA、AATのように、施設のプログラムとして確立されている活動に参加するということは、その日の気分で出欠を決められるような軽いものではないことを理解してもらわなければなりません。時間的制約、精神的なプレッシャーなどを受

ボランティアはまず「自分の子」のことを第一に考えなければなりません

け入れることのできない人間には、向かない活動であることは明言しておくべきでしょう。ペットの動物と遊ぶ場所を探しているのであれば他をあたって下さい、と言い切る必要もあります。また動物や人間に適性がないにも関わらず、無理をすることは決して良いことではなく、そのようなことをするよりも、「適材適所」の基本に基づいて、自分とペットに合った何かを探す努力をした方がお互いに幸せになれるのでは、とその必要があればボランティア志願者にやんわり、かつしっかりと伝える必要があるのです。

ボランティアの教育に関して、もう一つ付け加えておくべきことがあります。これまでの本書の内容からすると、AAA、AATに参加できるボランティア及びその動物の候補は、現時点では各地域社会にそれほど多数いるとは思えない、と感じている人もかなりいることでしょう。そのような現状を踏まえて、コーディネーターの新しい仕事の一つとして、AAA、AATプログラムの調整役を務めるというだけではなく、それが実施できる素地を地域社会に作り上げる、という作業も考えられるのではないでしょうか。つまり参加者名簿に載せるまでのボランティアがいないのであれば、そのようなボランティアを育成するべくカリキュラムをたて、それを講習会等のかたちで地域社会に提供していくのです。プログラムを組立てる作業と同様に、どのような専門家に何を任せたら良いのかをコーディネーターとして考え、そのような人材を確保し、ボランティア志願者を育てていくのです。

これはいわゆるボランティア教育とは区別して考えなければならないことです。前述したボランティア教育とは、評価が重要な一部となっており、基本的には評価の結果、適性があるとされた者に施していくＡＡＡ、ＡＡＴの実際の参加に向けた教育なのです。ここで取り上げているのはその前の段階にいる人々を対象とした教育です。

おそらくその内容の主たる要素は、適性評価に合格するためには何をすれば良いか、ということになるでしょう。したがって、対人関係の能力向上を目指した指導及び動物の正しい育成方法の指導が、最も重要になると言わざるを得ないのです。もちろんＡＡＡ、ＡＡＴの概念、人間の福祉や動物の福祉等々の講義を、省いてしまうということではありません。ただ、参加したいができない、という人々に何とかやれる術を与えていくことも今後は考えていくべきではないでしょうか。

これは適性のない者たちを無理やり押上げてしまうということではありません。やるだけのことをやっても適性がない、という結果に終わればあきらめもつくでしょう。しかし現在の我が国においては、やるだけのことをやろうにも、一体何をどこで、どれだけやったら良いのかも分からない状態に、ボランティア志願者たちがいるのです。

動物が楽しそうな様を失わずに物事を覚えていく陽性強化訓練とは、一体どのようにして行えば良いのか、ＡＡＡ、ＡＡＴに参加させる際に必要な社会性はどのようにして身に付けさせたら良いのか、または自信を持って他人と話せるようになるにはどうすれば良いのか、自分とペットの関係をどのようにしたら改善できるのか、このようなことは実のところ、ＡＡＡ、ＡＡＴの正規のボランティア教育においてはとても扱う余裕などないものばかりなのです。しかし実際には現在の我が国において、まだこのような情報の普及からはじめなければならない地域が多く残っているのです。実際のＡＡＡ、ＡＡＴプログラムの作成に、直接的な貢献を今すぐ行うことのできないところにおいては、将来のプログラム開発の基盤作りもコーディネーターの責任の一環である、と言い切っても良いのではないでしょうか。

第6章

コーディネーターが直面する問題

現在我が国においてＡＡＡ、ＡＡＴをコーディネートしようとする者達が直面する問題は、実際のプログラムを組立てていく過程に生じるものではなく、まだそのはるかに手前の段階におかれている数々の障壁です。

第一章のＡＡＡ、ＡＡＴの定義においても触れましたが、最近はあまりにもメディアが「アニマル・セラピー」、「セラピー・ドッグ」等々の言葉を流しすぎているために、社会の中では、中身の何もないイメージだけが先行してしまうという現象が起きているのです。ゆえにコーディネーターは、ゼロからのスタートよりもマイナスからのスタートを覚悟しなければなりません。すでにイメージの段階で、「触れ合いはすばらしい」というバラ色の概念を抱いてしまっている世間一般に対して、動物との触れ合いも、その動物の状態によっては人間にとって「有害」である、とどのように説得していけば良いのでしょう。強制訓練でおとなしくさせられた動物が、嫌々ながら訪問をしているようなプログラムを抱えている施設に、果たして改善を求めることができるのでしょうか。自分たちのかわいいペットをどうしてもＡＡＡ、ＡＡＴに参加させたい、と切望する飼い主たちに、厳しい条件を受け入れてもらえるのでしょうか。視聴者に対する視覚的アピール度の高い「感動の触れ合い場面」ばかりを求めるマスコミに、これ以上間違ったもので煽らないでほしい、と言っても果たして分かってもらえるのでしょうか。

これはすべてのコーディネーターが、今後扱っていかなければならない問題なのです。このような事態が少しずつでも解消されていかなければ、AAA、AATを本当の意味で定着させていくことはできません。今まで折に触れて、ボランティアや施設に対してはっきり述べておかなければならない事柄を指摘してきましたが、その中でも特に、一般社会の啓蒙に用いなければならないものを、もう一度ここで挙げておきます。少なくともこれらの点だけは、現在の実践者達が常に念頭におき、周囲の説得に活用してほしいものです。

◎AAAとAATの違い

これはもうしつこいほど第一章で説明を重ねたはずです。しかし、いくら言っても言いすぎる事はないほど大切なことです。レクリエーションや慰問を、医療行為と混同しないよう、我々は常にどちらの話をしているのかをはっきりさせておかなければならないのです。このような区別をすることは、好み、制度、しきたり、国の文化、等々とは一切関係ありません。根本的な用語の定義上の問題であり、議論の余地もまったくありません。健康食品を摂取することと、医師が処方した薬剤を口にすることはまったく違うことです。どちらも人間の健康に寄与するものであることは確かなのですが、その両者を同一視することはできませんし、その「使い方」を同じものとして論じるわけにもいきません。これはＡＡＡとＡＡＴについても同様なのです。どちらがより重要であるか、またはどちらの方が実施が困難であるか、などは個々のケースでしか見ることのできないものであり、あまり論じる意味のないことです。

両者の区別がまだはっきりと分からないと思う読者は、もう一度第一章をじっくりと読み返して下さい。この二つの違いを明確に説明し、相手を説得することができないうちは、ＡＡＡ、ＡＡＴを語る資格もない、と思わなければなりません。

◎原始の血の説

これもすでに説明済みですが、その重要さゆえに再度ここで確認します。これもまたＡＡＡ、ＡＡＴの根本に関わる枢要な事柄であり、その基本原理の説明には必要不可欠な要素です。これも何度繰り返しても言いすぎることはない点であり、むしろ折に触れ、人々がそれをないがしろにしないよう口にしていかなければならないことである、と言えましょう。

なぜ訪問活動などに参加する動物は、心身ともに健康な状態でなければならないのか、なぜ陽性強化訓練がこのような活動をする動物の育て方に最適なのか、なぜしっかりと訓練ができていても、性格的に向かないものに無理をさせてはいけないのか、なぜ適性評価は動物の表情や態度をも考慮に入れておかなければならないのか。原始の血の説を知っていれば、このようなあらゆる疑問に、一瞬にして答えを出すことができてしまうのです。これほど単純明快なことが、何ゆえもっと多くの人々の考え方に浸透していかないのかは、今もって謎であるとしか言いようがありません。

それはおそらく「彼らが幸せであれば、我らもまた幸せを感じることができる」という概念があまりにも単純であり、あたりまえのように聞こえるがゆえに、多くの人々がそれに重きをおかないからなのでしょう。目の前に落ちている宝には目がいかず、遠くの富ばかりを追ってしまう人間の悲しい性分なのかもしれません。いずれにせよコーディネーターは、なぜAAA、AATが効くのかという質問に対しては、いつどこにおいても自信を持って、この原始の血の説を披露することができなければなりません。第一章に記述したその内容をもう一度復習し、自分の言葉でそれを自然に説明できるようになるまで練習を重ねて下さい。

◎AAA、AATは万人向きではない。誰にでもできるものであるという思い込みは危険である。

これは文字通りで、流行であるから、面白そうだから、テレビなどで目にしたから、等々の理由できわめて簡単に実施できるものと思い、事実やってしまおうという人があまりにも多すぎます。

例えば施設側を見れば、実施してみたいと思っているところは全国に相当数あると考えられます。しかしその中には、施設評価の結果として、すぐに動物を入れられる状態にないと判明するものもあれば、近隣に適性評価に合格するだけの技量を持ったボランティアと動物がまだいない、というところもあるでしょう。さらには施設評価だの、規則や手順の明文化だのと、面倒なことを言われるのであればやらなくても良い、というところもあるでしょう。このような施設には、「近所の小学校でコーラス部があるらしいから空いた時間で歌いに来てもらおう」という考え方とそう変わりなくできるのであろう、という思い込みがあるのかもしれません。近隣の愛護団体、愛犬家の集まり、果ては町内のポチ君やタマちゃんの飼い主などに声をかけ、「ちょっと遊

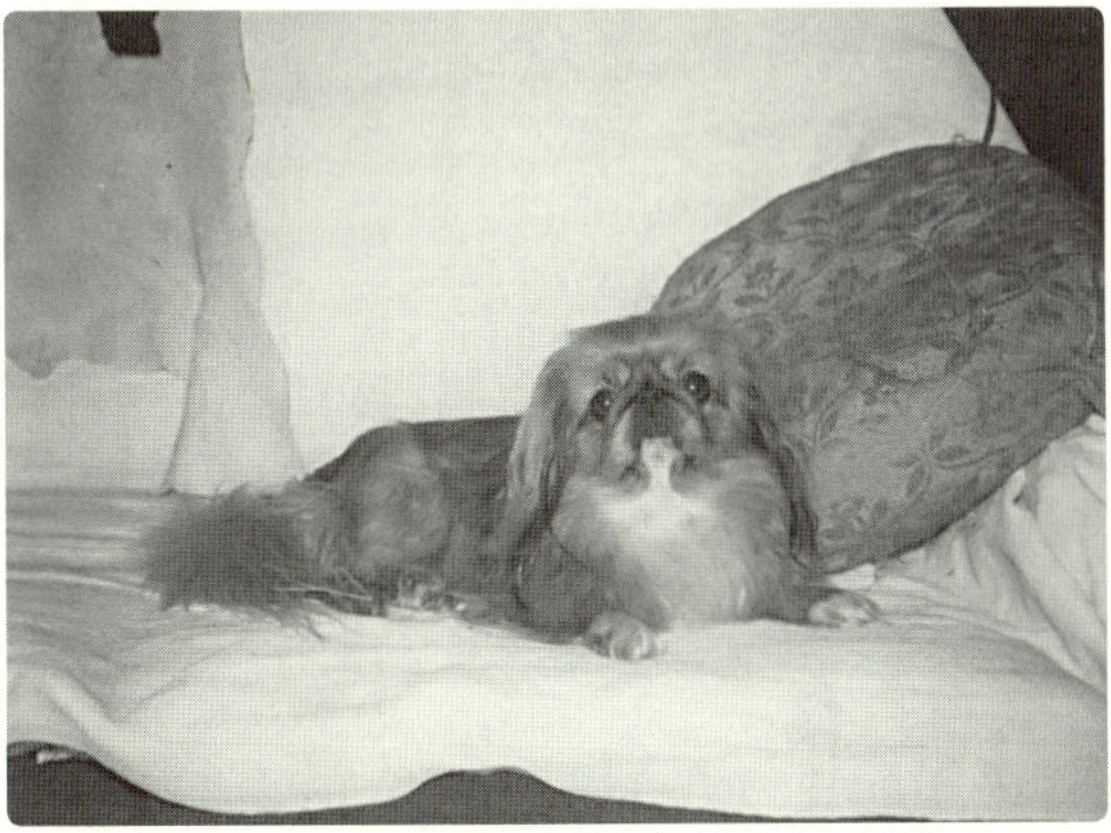

「訪問活動？　まず私達の気持ちを大切にして下さい」

びに来てもらえば良い」と考えているのではないでしょうか。それほど簡単に円滑な運営、安全性、明確な効果等が確保できるのであれば、コーディネーターなど無用の長物であり、本書ですら必要のないものになってしまいます。しかし現実はそう甘くはありません。手軽にできるものであればもっと多くの優良な事例が、今日我が国にもできあがっているはずです。それが少ないということは、必要な情報を把握している人間がしっかりと関わって築き上げたものしか続かない、ということなのです。今はまだそのような人々の数も限られていますが、より多くの良識あるコーディネーターが育てば、また新たなる展開が期待できるでしょう。このような状況下でやはりコーディネーターは、まず施設に対して今のままではできないものは、はっきりとできないと言うことを心がけなければなりません。またＡＡＡ、ＡＡＴを導入するために変えなければならない点が施設側にあり、それには相当コストがかかる、というようなことであれば、ＡＡＡ、ＡＡＴを入れること自体、その施設にとってはベストな選択ではないかもしれません。その場合はそのことも伝える必要があります。「すぐにやらなければ」と思い込んでいる施設に対して、そういうものではないと説得するのも重要なことなのです。

同様にボランティアの中にも、その勇み足に待ったをかけなければならない人々が多くいるようです。この点はＡＡＡ、ＡＡＴ参加動物適正評価の中でも指摘しましたが、自分のペットと楽しくボランティア活動をやろう、という意欲や願望だけではどうにもなりません。本当にこのようなかたちでの社会参加ができるような動物に自分のペットが育っているのかを、冷静な目で見ることができる飼い主もあまり多いとは言えません。適性評価の例として、ペット・パートナーズのシステムを一部紹介しました。また優良家庭犬普及協会が行っている、良い市民としての犬を認定する検定制度も紹介しました。このいずれにおいても攻撃性や過剰な恐怖反応は失格の対象となります。さらに加えれば、動物の中にはしつけがどれほどされているかに関係なく、もともと性格的に（もしくは遺伝的に）攻撃的だったり、また臆病だったりするものもいるのです。つまり訓練の水準に関係なく、「適性がない」と言わざるを得ない動物も必ずいる、ということなのです。そのような飼い主にはその点をはっきりと伝えておかなければなりません。適性評価というのはあくまでもＡＡＡ、ＡＡＴ参加を目的としたものであり、それは一人一人の愛するペットの「価値」を決めるものでは決してありません。合格をすることができなかった動物は「だめ」なのではなく、たまたまその「職場」に向いていないだけのことなのである、という点を飼い主にいかに理解してもらうかは、コーディネーターの仕事の中で最もつらい部分でしょう。しつけや社会化をもう少し重ねれば大丈夫であろう、と再評価を目指して頑張るように言われる飼い主もあれば、前述したように根本的なところで「向いていない」と言われる飼い主もいるわけです。後者の場合、いかにして飼い主とその動物の関係と将来を傷付けないように真実を伝えるかが難しいところでしょう。

動物だけではなく、飼い主自身に適性がないということもあるでしょう。どんなに良い性格でしっかりと訓練された動物を連れてきても、第三者（評価を行う人やスタッフ）を前にするとあがってしまったり、気が散って無意識のうちに犬のリードを離していたり、ウサギの入ったバスケットを置いたままでその場を離れてしまったり、モルモットのフンを拾わずにぽろぽろと落として歩いたり、と「慢性的注意散漫病」としか言いようのない行動を展開させる人がいます。残念ながらこういった性格もまたAAA、AATに向きません。自分一人がボランティアとして施設を訪れるのであれば何とかなるかもしれませんが、動物を連れて施設という環境に入っていくということは、細心の注意を要するものです。それを常に行うことができない散漫な部分を持っ

ている場合には、申し訳なくとも遠慮して頂くしかありません。
しかし当然その場合も、いかに相手を傷付けずに伝えるかを十分に考えておかなければならないのです。

これらのポイントは、コーディネーターが常に周囲の啓蒙に用いなければならないものです。これをいかに上手に、説得力のあるかたちで社会に伝えることができるかが、今後のAAA、AATの発展の方向を決めると言っても過言ではないでしょう。これらの点以外に、最近やはりメディアなどで取り上げられているために、AAA、AAT関連の話題として少々気になることがいくつかあります。その一つは、「イルカ・セラピー」などという言葉に代表される海洋哺乳類との接触です。むろんこれは日本に限ったことではなく、欧米においてもそれを実施している人々はいるわけですが、一昔前と比べたら欧米ではむしろそれはあまり目立つ存在ではなくなりつつあります。ここでの一つの問題は、言うまでもなく「コスト面」での困難さでしょう。イルカの飼育や管理にかかる費用、実施の際に必要な専門家職員の助け（ペットと異なり、ハンドラーは専門家でなければできません）など、患者一人にかかる費用を考えたら、補助療法として定期的にイルカ・セラピーを用いることは、不可能に等しいのではないでしょうか。しかしそれ以上に、家畜ではない「野生動物」であるイルカを、ＡＡＡ、ＡＡＴに用いること自体がその基本理念に反するものである、と考えなくてはならないのです。特に、再度原始の血の説を持ち出せば、人工的な環境もしくは囲われた環境で飼育されているイルカが、本当に人間に良い信号を送ることができるのか、という疑問がわいてきます。例えば寿命一つを取ってみても、人工飼育のイルカは自然界の仲間たちより短いと言われています。驚いたことにシャチの場合は約10分の1だそうです。さらに動物園にいる野生動物の多くには、精神の異常の徴候でもある常同行動がしばしば見られるのですが、その中にはイルカも含まれているのです。ここではこのような動物たちの境遇を論じているわけではないので、人類が今後それをどのように改善していくべきか、などの話をするつもりはありません。ただし触れ合いの根本にあるべきものは、ここでもボランティアとそのペットたちの場合とまったく同じです。動物が心身ともに安定した状態になければ、人もまたそこから良いものを得ることはできないのです。これは必要な限り何度でも繰り返さなければならない言葉です。現在「人と動物の関係に関する国際会議（ＩＡＨＡＩＯ）」という専門的集団の基準の中でも、野生動物のＡＡＡ、ＡＡＴへの使用は好ましくないとされています。

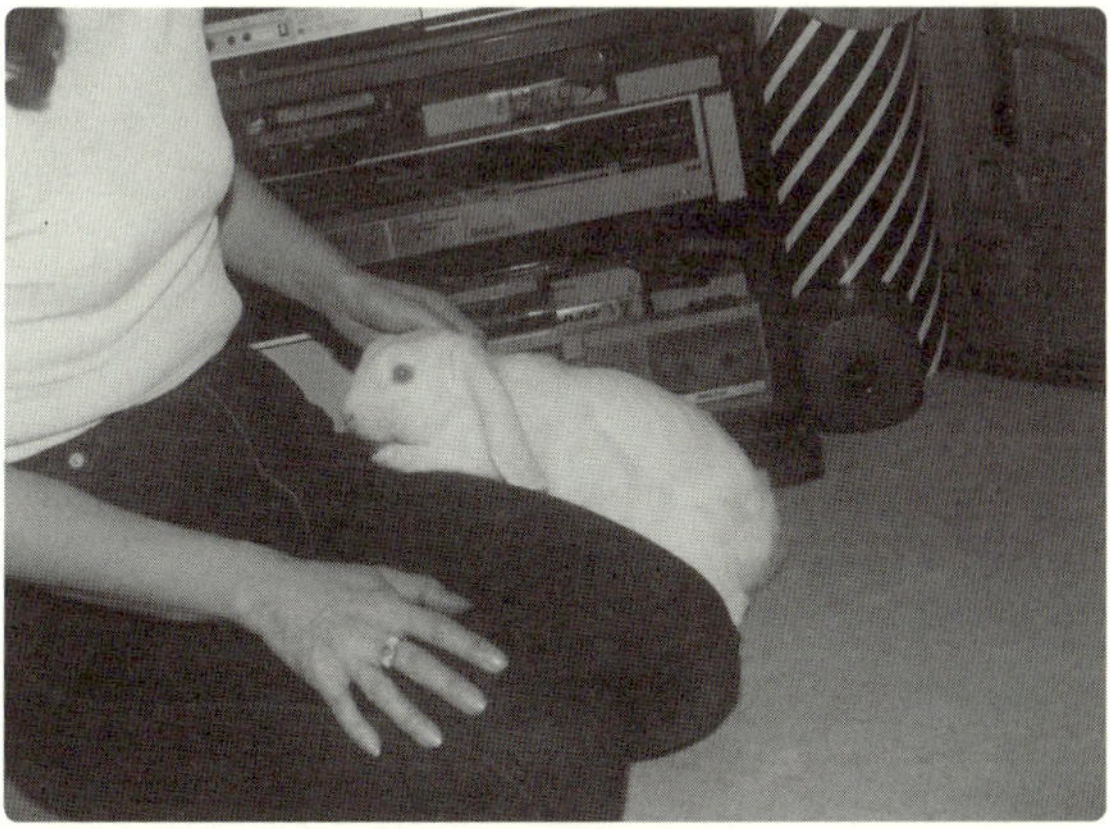

人と楽に環境を共有できる動物を探して下さい

もう一つ気になる点は、施設内にペットを置くというやり方です。これは我が国のみならず、すでに欧米においても施設居住型のペットがしばしば話題として登場します。これには賛否両論あり、一概に何が一番良いのかなどと言うことはできません。今までに成功してきた例、そして失敗例を見ることによって、何ができるか、また何をするべきではないか、ということがはっきりとしてくるでしょう。現在米国では、人間にとって動植物に囲まれて暮らすことは最も望ましいことである、という主張のもとに、施設においては「Eden Alternative」（エデンの園に代わるもの）という構想を実現しはじめているところもあります。これは共有スペースだけではなく各個室にいたるまで、多くの植物や鳥などの動物を置く、というものですが、まったく問題が生じていないわけではありません。籠に入れた小鳥などであれば、管理にそれほどしっかりとしたシステムが確立されていなくても「何とかなってしまう」のですが、これが施設内を闊歩する犬や猫になってくると話が違うことは言うまでもありません。しつけ、行動の管理、動物のストレスなどや、複数の人間と常時接触するため、人と動物の相互作用を管理及び監督することが不可能である、等々、問題を挙げていけばきりがありません。いいかげんな体制で飼育されてしまったために、人も動物も不幸になったケースは、この構想を実現しようとした施設の中で多々あるようです。しかしもちろん、考え方自体がまったく間違っている、というわけでは決してなく、人にとって動物や植物と日常的に接することができる環境は、まさに理想郷、エデンの園そのものなのです。

では、もし施設でどうしても動物を飼いたいという気持ちが強く、何とかそれに対応しようとする場合、担当者は何に気を付ければ良いのでしょう。本当は職員が飼い主となり、動物とともに「出勤」してくるかたちを取ることができれば一番良いのですが、施設内に動物（特に犬や猫）を住まわせたいのであれば、少なくとも以下のような点だけは確認しておかなければなりません。

◎最適な動物の種類は何か

◎動物の管理（食餌、排泄、しつけ等々、飼育に必要なすべての事柄）を誰が行うか

・一人の責任者が必要

・世話は複数で分担しても、しつけ（訓練）はまず一人の人間が全面的に責任を持つ

・一日のスケジュールの管理、確認

◎動物に与えられる空間はどうか

・施設内の行動範囲
・休息場所、就寝場所
・外に出てしまわないよう出入口の工夫

◎主治医（獣医師）名

◎犬の場合、畜犬登録者名

◎動物の管理にあてられる予算の有無

施設によって、適する動物の種類が異なるのはあたりまえのことです。職員が世話や管理に長い時間を割くことができないところなどでは、観賞魚の水槽を置いたりすることも考えられます。また施設内の人々の状況によって、犬、猫など常時触れ合うことができる動物よりも、ケージやガラスの水槽等に入れて飼う、直接触れることのない動物の方が良い、もしくは安全である場合も考えられます。これは獣医師やその他の専門家と相談をして決めなければならないことでしょう。

また一旦動物を入れると決めたならば、必ず一人の最高責任者、常に動物に関することの最終チェックをしなければならない人を決めておかなければなりません。日常の世話そのものは何人かで作業を分担すれば良いのですが、動物にはどうしても「飼い主」が必要です。「皆でかわいがり、大切にする」のは決して悪いことではありませんが、例えば犬であれば自分が従うリーダーが誰であるか、ということがはっきり分からなくなると、混乱してストレスを感じてしまうこともあります。他の動物でも毎日必ず様子をうかがい、何か少しでも異常があればすぐに気を止めてくれる人が必要です。同時に世話や対応にも一貫性が必要であり、一人の人間がそれを継続的に提供しなければなりません。この場合の最高責任者とは管理職的な意味のそれではなく、飼い主として常に動物の様子を気にかけ、「世話漏れ」や「見落とし」が絶対に起こらないように目を光らせている人間のことです。そうした人がいなければ、「皆のペット」イコール「誰のものでもない」ということになってしまうのです。

動物に与えられる空間とは、動物をどこで、どのようにして飼うのか、ということです。施設で動物を飼うといっても、はっきりと飼育場所を事前に決め、それが選択した動物にふさわしいか、あるいは選択した動物がその場所で飼育できるのか、ということを検討しておかなければなりません。大型の家畜などを飼うつもりでない限りにおいては、基本的にすべての動物は室内飼いにするべきです。うさぎやモルモットでも、ケージや飼育箱を室内の適当な場所に置くようにするべきでしょう。健康管理、行動管理、安全性（動物にとっての）、触れ合いの質、衛生管理、等々、あらゆる角度から検討すると、やはり室内飼育が最良の方法であることがわかります。室内に動物を置くことを前提として、次に考えなければならないことが、犬や猫のように自由に歩き回ることが必要な動物の場合は、どこを自由に歩かせるのかということです。当然入っては困る場所もあるでしょうが、そのようなところに動物が入らないよう、どのような工夫をするのか決めておく必要がありま す。また訪問者等の出入りの多い施設においては、動物が勝手に外へ出てしまわないよう配慮しなければなりません。さらにこのように自由に動くことができる動物にとっては、人から逃れることのできる場所も必要なのです。「プライベートな空間」として、周囲の人間が皆尊重してあげる休息場所を与えておかなければ、犬や猫は疲れきってしまいます。さらに夜間はどうするのか、しばしば猫などを飼っている施設では、特定の入居者の部屋へ行って寝ているようである、などということを耳にするのですが、できれば動物の安全のためにも、夜間は休息場所かその他決まった場所にケージ（クレート、ハウス）を置き、その中に閉じ込めておく方が良いでしょう。「閉じ込める」というとあまり良い響きではありませんが、クレート・トレーニング（ケージの中でおとなしく休むしつけ）は多くの一般

「オハヨウ　ゴザイマス」クレートは犬にとっては自分の寝室です

家庭のペットたちにも行われていることであり、決して特別なことではありません。夜、赤ん坊をベビーベッドに寝かせるのと同じように、飼い主が寝る前に犬（時には猫も）をケージに入れ、朝に再び出してやるというやり方であり、赤ん坊同様保護者が寝ている間にいたずらをしたり、危険な目にあったりしないよう、安全対策として用いられているのです。施設においても夜間にはこのような方法を活用することが勧められます。

その他、健康管理をしてくれる近隣の獣医師を確保しておく必要があります。また犬の場合は畜犬登録が法律で義務付けられているので、施設の「誰か」の名前でそれを行わなければなりません。さらに最も大切な点ですが、動物の飼育費用はどうするのかということです。動物を飼育するのにはお金がかかります。フード、ケージなどペットの「生活用品」はもちろんのこと、それ以外にも予防接種、健康診断（最低一年に一度は獣医師による定期検診を）、万が一病気になった場合の治療費などにも、相当な支出を覚悟しなければなりません。それが安定的に確保できないのであれば、施設内での動物飼育はまず不可能であり、あきらめるしかありません。

以上のような点をすべて施設に理解してもらうよう努力しなければなりません。これを施設におけるペット飼育の、「最低限」のチェックリストとして話を進めていけば、施設側も軽い気持ちでペットを飼うようなことはしなくなるはずです。最近、米国のある団体が施設内飼育ではなく、施設の職員が自宅で飼い、職場に連れて出勤する「ファシリティ・ドッグ」なるものを提供し始めています。同団体が施設の「犬のハンドラー」となる職員の研修及び適性のある犬の提供を有料で実施しているのです。施設から団体に職員を「留学」させ、ハンドラーとして何ヶ月かの教育をしてもらい、その後、その職員は施設に犬連れで戻り、中での活動を展開させるということなのです。まだ数はそれほど多い訳ではありませんが、日本でも少しずつ関心が高まってきているようです。施設の中で飼う訳ではないので、また別の角度から検証をしてみなければならないでしょう。数ヶ月で十分なハンドラー教育はできるのか？休息時間等の飼養管理基準は誰が設定するのか？ペット・パートナーズや優良家庭犬のように再認定が必要なのか？それとも、一度、育成団体から「卒業」させた犬は、その後一切団体からのチェックは入らないのか等々、導入を考えるのであれば、支出を決める前に考え、明確にしておかなければならない点はいくつもあるような気がします。

その他AAA、AATコーディネーターが直面する問題の中には、職場の確保という枢要なものがあります。残念なことに現在、AAA、AATコーディネーターとしての仕事をしている人は我が国では極めて少なく、かつそれで生計を立てている人はほとんどいません。むしろ一人もいないと言っても良いほどです。大半の場合、医師、獣医師をはじめとして、その他人間の施設、福祉等の関係、もしくは動物関係の仕事をもちつつ、ボランティアとしてコーディネーター的役割を果たしている人々が、AAA、AATプログラムの構成を行っているのが現状です。同時にAAA、AATが日本より進んでいる米国の事情を見た場合でも、コーディネーターだけの仕事をしている人は非常に少ないのです。ソーシャル・ワーカーの有資格者や、動物のハンドラーとして自ら活動をしている人たちなど、様々な人々が同時にコーディネーターとしての役割を果たしているのです。今後の我が国におけるAAA、AATコーディネーターの仕事も、同じような形で発展していくのではないでしょうか。

これは第二章のコーディネーターの役割で文中に述べた、「コーディネーターは専門家が下すべき判断を自らが下してはいけない」というような概念と矛盾するように思われるかもしれませんが、実際にはそうではありません。コーディネーターは自分がどのような専門家としての知識を持っていようと、コーディネーターとしての役割を果たす時には、参加者全員のコミュニケーションの円滑化を最優先させなければならないのです。自らもチームの一員として専門的見解を述べることはかまいませんが、議論がまんべんなく行われるよう、自分の専門分野に話がかたよらないように気を配る必要があります。また自分が専門家として答えられる疑問が持ち上がった際に、他に答えるべき人間がいる場合には、やはり「でしゃばらない」ようにすることが大切です。例えば熟練した動物のハンドラーであり、飼い主歴も訓練歴も長い人がコーディネーターをやっているとしましょう。感染症の問題で適切な予防接種法が話題に上った時に、そのミーティングに獣医師が出席しているにもかかわらず、その人がいきなり自分の飼育動物での体験と実施法を得々と話しはじめました。これは決して行ってはいけないことです。実際のＡＡＡ、ＡＡＴ実施チームに何らかの形で参加する者であっても、コーディネーターとしての役割を果たしている時には、自分の分野を越えた発言をしないように、他の人々の意見を専門家としての眼鏡をとおさず、コーディネーターとしてそのままの状態で受け止めるように努めなければなりません。

以上のような注意をした上で、今後コーディネーターとしての作業を実行してみたい人にとっての最短距離は、人間の施設に関わることができる職種を選択し、同時にコーディネーターの勉強をすることでしょう。また動物の専門家になり、訪問活動に関わりを持つようにするところからはじめても良いでしょう。さらにボランティア教育に関する章の中でも触れたように、現在の日本においてはコーディネーター本来の仕事よりも、コーディネーターを必要とする、ＡＡＡ、ＡＡＴのプログラムが将来展開されるようになる社会的基盤の整備、啓蒙もコーディネーター自身が行わなければならないのです。実のところ、これが現在コーディネーターの最も必要とされているところではないでしょうか。自らの地域社会において、ボランティアや施設関係者、そして動物関係者などの教育講座等を実施していけば、将来のＡＡＡ、ＡＡＴプログラムに向けて基礎工事を行うことができるわけです。

さらに施設関係者に対する「売込み」をすることも必要でしょう。これは決して自分を売込むことではなく、また商売を目的とした売込みではありません。ＡＡＡ、ＡＡＴに関する正しい情報をもとに、その実施には果たしてメリットがあるのか否かを、真剣に人間の医療及び福祉関係者に考えてもらうよう努力することなのです。施設を個々に訪問して話を聞いてもらうような「セールス」も良いでしょうが、周囲の知人等をとおして施設関係者を紹介してもらうなどの方が話しやすいかもしれません。いずれにせよ、やるかやらないかは別として、ＡＡＡ、ＡＡＴとはこのようなものである、というしっかりとしたイ

しつけの方法も動物の適性を大きく変えてしまう要素の一つです

メージを施設側に持ってもらうことが大切なのです。時には何の知識も悪気もなく、ボランティアが突然ペットを連れて施設の門前に現れ、「慰問に来ました」と告げるようなことがあるかもしれません。また「商売」を目的とした人たちが、しっかりとした知識もなく、「やってあげますよ」と施設に持ちかけることや、特定の犬種などがセラピー犬になり易いなどのとんでもない売り込みがあるかもしれません。いずれの場合においても、施設側が正しい情報を有していれば、正しい対応ができるはずなのです。その情報をいかに施設に持ってもらうか、ということが今のところ「コーディネーターの腕のみせどころ」となるのではないでしょうか。

　コーディネーターの仕事というのは実に煩雑なものであり、かつ労働集約的でもあります。AAA、AATのように、複数の要素を含んだものの要として役を果たすためには、頭に入れておかなければならないことも、あまりにもたくさんあるようです。またこの分野に関心を抱く研究者の数も年々増えつつあり、新しい論文や情報も常時発表されています。残念なことにそれらが日本語に翻訳されるのを待っていると、どんどんと情報に取り残されていくのも現状です。情報をいち早く自分のものにしていくためには、情報検索能力と少なくとも英語の基本的読解力がどうしても必要なのです。情報を頭に詰め込み、様々な分野の勉強をして、さらにはこのような技能も身に付けなければならず、あげくの果てにはビジネスとして成り立たない、と言われれば一体誰がこのようなことをやるのだろう、と思う人がいても当然なのです。最終的には本当にこの分野に対する関心があり、ＡＡＡ、ＡＡＴの質的向上を求めて努力することを惜しまない人だけが残っていくのです。そして創造力を持って、自らの生活をも同時進行で支えていくだけのパワーがあれば、なおのこと理想的でしょう。それゆえにコーディネーターも、そしてこの人々が作り出す良質のＡＡＡ、ＡＡＴプログラムも、決して大量生産することのできないものなのです。この点の理解なくしては、我々は前に進むことはできません。

第7章

ぜひ読んでほしい資料

A

ＡＡ、ＡＡＴに関する文献、資料等に目をとおすことは、実際の作業を開始する前に必ずやっておかなければならないことです。ここでは各種活動や研究に関する論文までは紹介しません。それらはこの十数年の間に世界各国で蓄積されてきたものであり、かつ今後も多数発表され続けるものです。「予備知識取得」的な感覚で読みこなせるたぐいのものではありません。ＡＡＡ、ＡＡＴコーディネーターを目指すのであれば、当然そのような論文や専門的な文献を少しずつ、こつこつと読みためていく必要があります。しかしその前に自分の根本的理解を確認するための、言わば参考書として必ず目をとおすべき数冊をまず紹介します。マニュアルの中では、「ステューデントマニュアル　ペットパートナーズチームトレーニングコース」（訪問ボランティアが自分の動物のハンドラーとして、施設の訪問者としてどのようなことを勉強したら良いかを説明するマニュアル）や「ペット・パートナーズ・チーム・エバリュエーター」が、すでに日本語で出版されています。その入手方法の問い合せ先は後述しています。ペット・パートナーズのマニュアルに関しては主要なものを後にまとめて紹介します。

　その前にまず一般的にＡＡＡ、ＡＡＴそのものを理解するための本として、二冊ほど取り上げたいものがあります。

◎「人と動物の関係学」
The Waltham Book of Human Animal Interactions Benefits and Responsibilities of Pet Ownership
訳：山﨑恵子
発行：(株)インターズー
東京都渋谷区渋谷-1-3-9　東海堂渋谷ビル7F

同書は英文タイトルでも明らかなように、ペットフード業界では有名なウオルサムがまとめた参考書です。人と動物の関係の基盤は何か、またペットが人の健康に日常的にどのような貢献をしているのかにはじまり、セラピー、犬及び猫の行動学、さらにはペット・ロスにいたるまで、総合的に、人間とコンパニオン・アニマルの共存に関する様々な重要なポイントを列挙している本です。一つ一つの課題を深く追求してはいませんが、それなりに枢要な点がまとめてあり、一連の流れを全く知らない者にとっては、ぜひともじっくりと読んでほしい本です。

◎「ヘンリー、人を癒す」

著：(旧)デルタ協会認定　ペット・パートナーズ　山本央子

発行：ビーイング・ネット・プレス

神奈川県相模原市南区相模大野8-2-12-202

アメリカ在住歴のある著者、山本央子氏がボランティアとして愛犬ヘンリーとともに、ペット・パートナーズとしての認定を受け、様々なAAA、AAT活動に参加する体験をつづった同書は、実際の現場とは一体どのようなものであるのかを如実に我々に語ってくれるのです。山本さんとヘンリーはペット・パートナーズの1000号目の認定チームであり、両者とも大変活発に地域のボランティア活動に参加しています。ただしヘンリーはもともとシェルター（動物の保護施設）から引き取られた犬であり、かつ純血種でもありません。最初はトレーニング上の問題も抱えていた山本さんが、ペット・パートナーズのハンドラーになるまでヘンリーとどのような体験をしてきたか、またヘンリーにどのような教育をしてきたかの一端もこの本の中でのぞくことができ、あらゆる意味において大変参考になります。ＡＡＡ、ＡＡＴチームの重要な一員である、ボランティアと動物の気持ち、心構え、視点等々、コーディネーターを目指す者には必要な情報がぎっしりつまっている一冊です。

ペット・パートナーズは米国において、ＡＡＡ、ＡＡＴに役立つ各種のマニュアルを作成しています。ただしその中には講習用テキストもあり、講習を受けずして本だけを手に入れることはできないものもあるのです。内容を考えたらこれは当然のことでしょう。動物のハンドラーとしての技術や、適性評価の方法などは、一冊のマニュアルを読んだだけで理解できるものではありません。ゆえにペット・パートナーズのマニュアルは、むしろテキストとして考えなければならないものです。

◎「スチューデントマニュアル　ペットパートナーズチームトレーニングコース」

編著者：ペット・パートナーズ
監修者：山﨑恵子

訳　者：山﨑佐季子　山﨑佐枝子
発行：人と動物のより良い関係づくり教育普及センター
東京都中央区銀座6-13-11　ITP銀座ビル
株式会社アイ・シー・オー東京事務所内

これはペット・パートナーズのチームとして、ボランティアと動物が何を取得し、活動するに当って何を心がけなければならないのかを詳細に説明するマニュアルです。動物の扱い方のみならず、様々な施設において心がけなければならない立ちいふるまい、必要な障害や病気の知識、そしてボランティア活動の保険に関する情報まで含まれています。問い合せは次のとおり。

問合せ先　学校法人　国際総合学園　国際ペットワールド専門学校
TEL　025-240-8321
FAX　025-240-8931
wan@nsg.gr.jp

◎「ペット・パートナーズ・チーム・エバリュエーター」

Pet Partners Team Evaluator 1 Course

デルタ協会

発行：人と動物のより良い関係づくり教育普及センター

東京都中央区銀座6－13－11 ＩＴＰ銀座ビル

株式会社アイ・シー・オー東京事務所内

これは本文でも説明した、ＡＡＡ、ＡＡＴ参加動物の適性評価を担う、審査員を育てるための講習に用いられているマニュアルです。個々の評価項目の意味とその実施方法、評価方法等が記載されていますが、それに加え動物のストレスの読み方、受験者への接し方（特に不合格の伝え方、説明の仕方等）、実際の検定の運営法なども説明されています。しかし言うまでもなく、これはデルタ協会の指導員の資格を持つ人間が教える講習のテキストであり、これだけを読んで評価方法が理解できるわけではありません。

問合せ先　学校法人　国際総合学園　国際ペットワールド専門学校
TEL　025-240-8321
FAX　025-240-8931
wan@nsg.gr.jp

その他にもペット・パートナーズでは、AAA、AAT関連の様々なマニュアルを出していますが、前述した二つのマニュアルが最も普及しており、現在米国や他の国においても活発に活用されているものでしょう。

〈ペット・パートナーズホームページ〉
http://www.petpartners.org

AAA、AATそのものに直接関係がなくても、その他、本文でも若干触れたように、動物の訓練に関する基本的概念や、動物福祉の情報なども時間を割いて勉強しておくと良いでしょう。特に誘導訓練とは一体何か、ということを理解しておくことは必須です。以下に役に立つ参考書を幾つかあげてみました。

◎トレーニング・ザ・ケイナイン・グッド・シチズン

著：テリー・ライアン　訳：山﨑恵子

発行：優良家庭犬普及協会

東京都八王子市四谷町1917-36　コーポ中平201号室

同書で紹介した優良家庭犬の検定制度のハウツー本です。各試験項目は何のためにあるのか、どのように審査されるのか、そしてそれ以上にどのように犬を訓練したら良いのか等がわかりやすく解説されています。

◎犬の「問題行動」はこうして直す～成功のためのトレーニング法～

著：テリー・ライアン　訳：山﨑恵子

発行：人と動物のより良い関係づくり教育普及センター
東京都中央区銀座6-13-11　ITP銀座ビル
株式会社アイ・シー・オー東京事務所内

この本は、2000年5月に出版され、テリー・ライアン先生が問題行動解決のためのツールボックス（道具箱）として、セミナーなどでよく紹介する内容が網羅されています。個々の犬の行動に対処するための様々な道具（方法）を提供し、それらを使い、自分と自分の犬にあった計画を作り上げる指導をするための本です。犬の行動の基礎から適切な行動を教えるための道具、不適切な行動を変えていくための道具と対策の設計など、多くの事例を挙げて説明がなされています。付録として人間と犬のためのゲームなどがあり、犬のトレーニングの専門家向けの本と考えられがちですが、一般の飼い主の方にもぜひお奨めしたい一冊です。

問合せ先　学校法人　国際総合学園　国際ペットワールド専門学校
TEL　025-240-8321

FAX　025-240-8931
wan@nsg.gr.jp

その他に、動物の行動やストレスを勉強するために役立つ本には、以下のようなものがあります。

◎「ドッグス・マインド」
Dog's Mind
著：ブルース・フォーグル　監修：増井光子　訳：山﨑恵子

◎「キャッツ・マインド」
Cat's Mind
著：ブルース・フォーグル　訳：山﨑恵子
発行：ともに八坂書房
東京都千代田区猿楽町1-4-11

このような実用書に加え、やはり動物と少しでも関わることがある仕事をするのであれば、多少なりとも動物に対する自らの「気持」及び視点を確立させておくべきでしょう。人間の福祉、心理等の分野はすでに学問の領域としても、また実務的な面においても、動物のそれとは当然比べものにならないほど確立されているものである、と言えるでしょう。ゆえに、それらの勉強、及び臨床心理士、作業療法士、ソーシャル・ワーカー等による仕事の範囲などの把握は、書店や図書館の関連部門を除けば詳しいものから簡略なものまで、多種多様な文献を手に入れることができるはずです。ところが動物との関わりに関連した、メンタルな部分を育成していくために必要な、言わゆるセンセーショナルな感情論抜きで、かつ動物を偏見のない目で見、語るような文献はあまり見あたらないのです。ここではそれに限りなく近づいているであろう、と思われる本を紹介します。

◎「ゾウがすすり泣くとき」

When Elephants Weep

共著：ジェフリー・M・マッソン、スーザン・マッカーシー　訳：小梨直

発行：河出書房新社
東京都渋谷区千駄ヶ谷2-32-2

この本は、長い間科学にとってはタブー視されてきた、「動物の感情」に正面から向き合った一冊です。ただし、愛護家にとっては大変共鳴できる内容であるにも関わらず、その中には「かわいそう論」的な言葉は一つも出てこないのです。むしろ様々なエピソードや事実をもとに淡々と問いかけを続けている、という手法を用いて、読者自身に動物のことを今後どう見ていくかを決めさせてくれるような本である、と言えましょう。AAA、AATを実施していくためには、様々な物理的条件をクリアしなければならないことや、具体的な評価を下さなければならない事項のことなど、第一章からずいぶんとしつこく語ってきましたが、実はそのような物理的条件より以前に、人間として動物に対する己れの哲学を確立せずとも、少なくとも考えておく必要があるのです。人間に関しては様々な形で勉強する機会が与えられているような気がします。しかし動物に関してはなかなか受け入れ易いものを目にすることがありません。なぜならばその絶対数も不足していると同時に、一つの方向に向かってのみ書かれているものが多すぎるからです。そのような意味において「ゾウがすすり泣くとき」は、「動物の感情」という、ともすれば客観的に扱うことができなくなってしまう題材を、極めて冷静に、かつ「暖かい目で」取り上げている、読みやすい本であると言えるのではないでしょうか。

◎「老後を動物と生きる」

著：マリアンヌ・ゲング、デニス・C・ターナー　訳：小竹澄栄

発行：みすず書房

東京都文京区本郷5-32-21

高齢者と動物の関係や施設などでの動物の選択や飼養管理に関する情報が満載の本です。また、動物介在療法や動物介在活動の定義等もしっかりと書かれています。著者の一人であるデニス・ターナー氏は長年にわたり人と動物の関係に関する国際組織（ＩＡＨＡＩＯ）の会長を務めていました。ハウツー本であると同時に、各種参考文献なども紹介されています。

◎「こころのワクチン」子犬に教える、人としあわせに暮らす方法

著：村田香織
発行：パレード
大阪市北区天満2-7-12

同書の中で紹介されている日本動物病院福祉協会の会員の獣医師である村田香織氏が子犬の育て方等を丁寧に紹介している本です。問題行動を予防し、人間と幸せな共同生活をできる犬を育てるには何をしたらよいのかを知ることができる一冊です。著者自身が訪問活動グループのリーダーとして長年の経験を有するため、直接活動に関する本ではなくとも、参考になる情報がたくさん含まれています。

ここで紹介した資料以外にも、役立つ文献は他にも多々あるわけですが、とりあえず、最低限の基礎工事に必要な材料を列挙してみました。ただし前にも述べたように、AAA、AATの分野には日々新しい情報が加わっています。それゆえに、常時情報に敏感であることも、検索能力をみがき続けることも、非常に大切なことなのです。データや理論だけを頭の中につめこんだ「頭でっかち」になってしまうことは決して良いことではありませんが、同時に理論、情報そっちのけで「まずやってしまえば良い」という考え方も決して賢明なものではありません。頭の中で必要な情報処理は行いつつも、現場で人間及び動物と直接作業を行うこともおろそかにせず、かつ、この両方をうまく融合させていくことができなければ、良いコーディネーターにはなれません。

第8章

現場からのメッセージ

人間の健康に寄与する動物介在活動および動物介在療法

レベッカ・ジョンソン、PhD、RN、FAAN、FNAP
人と動物の関係に関する国際機構（IAHAIO）会長
米国ミズーリ州コロンビア、ミズーリ大学獣医学部ヒトと動物の関係学研究所（ReCHAI）教授・研究所長
ミズーリ大学シンクレア看護学部老年看護学教授

山崎氏の著書は様々な現場における動物介在活動（ＡＡＡ）や動物介在療法の計画及び実施に関する枢要な点を指摘するものです。長年にわたりペット・パートナーズ（旧デルタ協会）は厳しい教育及び登録制度を確立するための努力を続けてきました。その結果として今やＡＡＡおよびＡＡＴの分野においては質の管理や基準作りの指標であると言われています。ペット・パートナーズが設定してきた手順や実施基準などが遵守されれば、一貫した高品質のプログラム運営が可能になることは疑いの余地もありません。このような基準を常に念頭に置いて活動を展開させることによってのみ、人間、動物双方の参加者たちのニーズを十分に満たすことができるのです。山崎氏は賢明にも広

範な人々に恩恵をもたらすことができるであろうAAAとAATプログラムにこれらの基準用いることを推奨しています。

「ワン・ヘルス」の概念はAAAおよびAATの実施にも当てはまることです。「ワン・ヘルス」は人間、動物、そして環境を最適な健康状態に導くために、各地域、各国、そして世界的に学際的な協力体制がなされることを意味しています。この3者はワン・ヘルスの三角形をなしているのです。各辺の健康は他の二辺のそれと切っても切れぬ縁であると言うことなのです。各辺が交わるところで起こる保健・衛生問題を理解しそれらに対処することとこそが「ワン・ヘルス」の基礎的な概念なのです（AVMA 2008）。この概念は人間の健康と動物の健康には境界線がなく、又あるべきでもないと言っています。健康とは疾病がない状態のみをさすわけではありません。健康には肉体及び精神両方が含まれるのです。ウェル・ビーイング、すなわち真の健康状態とは循環機能や免疫機能などの生物学的要素や情緒的安定、人間関係、そして必要及び有意義な生活活動を展開させることができる能力等から成るものなのです。

世界保健機構（ＷＨＯ）は２０１３年に健康促進に必要な要素として次のようなものを上げています。

- 健康に寄与する政策を作成する
- 支援的環境をつくる
- コミュニティー・アクションを強化する
- 個人的技能を育成する
- 健康を守るアクション
- 身体的活動
- ストレスの軽減

ＡＡＡおよびＡＡＴはこれらの要素全てに寄与することができます。高水準を保ちながら活動をし、最良の慣行を守っている団体は動物を用いた活動の妨げとなる可能性のある各地域や国の政策に良い影響を与えることができるのです。例えば、すべての病院や施設はＡＡＡの恩恵を市民が受けられるように配慮しているのでしょうか？それともＡＡＡの実施規則が実施不可能なほどに厳しいものなのでしょうか？ＡＡＡの実施団体は自分たちの動物が人獣共通感染症等の感染源にならないような完璧な健康管理や衛生管理をすることによって支援的環境を作り上げることができるのです。このような団体が一般市民に対してＡＡＡの情報を提供することによってそれらの人々が病院に収容されたり、コンパニオンアニマルの訪問を受けることで何らかの恩恵を受けられるような環境に置かれた時に、それを要求することができるようになるのです。ＡＡＡに参加し訪問をすることによって個々の実践者も多くを学ぶことができます。病院に入院している人々と話をすることが苦手な人も沢山いるでしょう。ＡＡＡを実践している団体の一員となり、自らの動物と活動をすることによって人間も他者とのコミュニケーションに自信が持てるようになるのです。また、団体のメンバー同士の仲間意識が芽生えることによって参加者自身の生活の質の向上も図れるのです。

ＡＡＡは様々な集団に対し様々な異なる環境で提供することができるものです。例えば、身体的活動を活性化させるためにＡＡＡ実践団体と対象者が一緒に犬と散歩をするという形も考えられます。このようにして身体的活動が行われた結果として、参加者はその他の保健活動に参加する意欲がわいてくるかもしれません。また、ＡＡＡはその提供者にも対象者に対してもストレス軽減効果があると言われています。すべてにおいてこれらの活動は個人、地域社会、そしてひいては国全体の健康増進に役立つのです。Ａ

ＡＡは健康促進の重要な要素であると言わざるを得ません。

特にＡＡＡは孤独の解消につながることもあり、老人施設に入居している高齢者の健康に寄与するものとされています（Banks & Banks, 2002）。入院患者の不安解消やストレスホルモン値の減少にも影響があるようです（Cole, Gawlinski, & Steers, 2005）。さらにはそれらの患者が必要とする疼痛管理のための投薬量の減少にもつながるのです（Stoffel & Braun, 2006）。このような恩恵をもたらす基本的なメカニズムはコルチゾール（ストレスホルモン）の減少とオキシトシン（幸せホルモン）の上昇なのです（Odendaal, 2000）。このようなホルモン値の変化は人とコンパニオンアニマルがほんの短い時間触れ合っただけでも起こるのです。人間側に動物に対する恐れや嫌悪がない限りにおいては、このようなホルモン値の変化が恩恵をもたらすことがない状況はあまりないでしょう。

ＡＡＡやＡＡＴが人の健康やウェルビーイングの増進につながることを証明するエビデンスが年々増えてきているのです。しかし今後も様々な事柄を明確にしていくために、より一層綿密な計画や手法を用いた研究が必要でしょう。最も効果的なＡＡＡの適切な「投与量」とは（例えば10分、20分、30分）？　どのような集団に対してどのような状況下でのＡＡＡが最も大きな恩恵をもたらすか（子供、高齢者、がん患者、精神疾患の患者等々）？　ＡＡＡやＡＡＴを実践している団体には、このような研究のために学術研究者たちと協力すると言う大きな役割があるのです。

毎日世界中で何千もの訪問が行われています。それらの活動の大半においては上記に掲げたような枢要な疑問に対する答えを見つけるための客観的なデータの収集が行われていません。人と動物の関係に関する国際機構（IAHAIO）は学会やその他のネットワーキングの機会を通してＡＡＡ、ＡＡＴを実践している人々に教育を提供しています（www.iahaio.org）。IAHAIOは前述したような疑問に研究者たちが答えを出せるようＡＡＡ、ＡＡＴの各種成果に関するグローバルなデータベース作りに励んでいます。このようなデータベースはＡＡＡを推進するための政策の研究に基づいたものとしての立案につながり、その結果として市民の健康に貢献することができるのです。しかし、このようなデータベースの価値は実践されているＡＡＡ、ＡＡＴの質やその信頼性で決まってしまうものでもあります。そのためには山﨑氏の著書が大きく貢献することを願っています。

参考資料

American Veterinary Medical Association. One Health: A New Professional Imperative. One Health Initiative Task Force: Final Report. 2008. http://www.avma.org/onehealth/onehealth_final.pdf.

Cole, K., Gawlinski, A., Steers, N., & Kotlerman, J. (2007). Animal-assisted therapy in patients hospitalized with heart failure. American Journal of Critical Care, 16: 575-585.

Odendaal, J. S. (2000). Animal assisted therapy—magic or medicine? Journal of Psychosomatic Research, 49, 275-280.

Stoffel, J. & Braun, C. (2006). Animal-assisted therapy: An analysis of patient testimonials. Journal of Undergraduate Nursing Scholarship, 8(1) accessed at http://juns.nursing.arizona.edu/.

World Health Organization. http://www.who.int/features/qa/49/en/index.html

ほんとうの「人と動物の絆」とは

山口千津子
日本動物福祉協会　獣医師

近年、テレビ・新聞・雑誌等で「人と動物の絆」という言葉を目にするようになり、ほんわかと「すばらしいこと」というイメージを抱いている人も多いと思います。そして、その代表的な例として「人と共に暮らしている動物」ではなく「アニマル・セラピー（アニマル・アシステッド・セラピー）」がとりあげられていることが多いのです。このマスコミの方々が言う「アニマル・セラピー」には、動物を連れて老人ホーム等を訪問したりするアニマル・アシステッド・アクティビティ（AAA）」や、動物の介在によるリハビリ等もすべて含まれているのですが。

確かに、動物をなでたり、水槽に魚が遊泳しているのを見るだけでも血圧が正常値に近づくとか、動物に話しかけたり、なでようとしたりすることがリハビリになるとか、人間が受ける恩恵は大きく、また、それが強調されても来ましたし、それこそが「人と動物の絆」と思われている節があります。

このように人間にとっては良いことづくめでも、もう一方の動物にとってはどうでしょうか。「アニマル・セラピー」の主役の動物達を良く知れば、いかに彼らが感情豊かかわかるでしょうし、近頃の他人を思いやれない人間よりも神経は細やかかも知れません。そんな繊細な彼らの気持を思いやることなく、人との交流を強制すれば、人間と同様、ストレスが蓄積し、不安が高まって精神不安にもなれば、下痢や脱毛その他身体的にも色々な症状が表われます。実際、犬の世話をすることを治療の方法の一つとして患者にさせていた病院で、最近、その犬が患者を咬むようになったということが起こっております。もともと少し臆病な性格である上に、医者側にも患者側にも犬のことがわかっているものはいず、かつ、犬のまわりの人間がわりと短い期間で変わって、犬にとっては誰が飼い主か誰がリーダーかわからず、心のよりどころがなく、常に精神的に不安な状態に置かれていたのです。犬の心を理解することなく、人間側の都合だけでいつも事が運ばれて、犬はストレスが蓄積しSOSを発していたのですがそれを読み取ってくれる人は誰もいませんでした。頼れるリーダーもなく、心が安まる場所も時も持てず、ただ咬むことでしか自分の気持を伝えることができなくなってしまったのです。ここまでになってしまえば、人間にも良い効果を望むことはできないでしょう。「アニマル・セラピー」は動物が心身ともに健康で幸福であってはじめて成りたつことなのです。どんな動物でもセラピーのお手伝いができるわけではありません。その動物の性格・適性を良く見きわめなければ動物を不幸に追い込んでしまい、またそれを強引にしつけでカバーしようとすれば虐待につながりかねません。こんな状況で果たして「人と動物の絆」があると言えるでしょうか。この耳ざわりの良い、何とはなしにすばらしく思えるこの言葉は、人と動物の心の交流があって言える言葉であり、互いを思いやるところに芽生えるものであることを忘れてはならないでしょう。人間側の一方通行では単なる動物の利用にすぎません。これは、人を助けることで「人と動物の絆」の例に加えられる作業犬にも言えると思います。恐怖による訓練、作業犬の能力・体力（体格的にも）以上のことを課す等々のことは、相手を思いやることなく人間側の要望・都合のみが判断基準に置かれているところで起こります。作業犬のリタイヤー後についてもしかりです。

今までイメージが先行し、現実の問題が置き去りにされて来た「人と動物の絆」。今一度、「ほんとうの人と動物の絆」とは何かを考え、人間として責任ある行動を取るときが来ているのではないでしょうか。

人と動物のより良い関係づくりを目指して

平原法子
国際ペットワールド専門学校　副校長

アニマルセラピー・コーディネーターを専門として3年間で一貫した教育を行う初めての学校として、国際ペットワールド専門学校が2000年4月に開校いたしました。以来これまで、本書の著者である山﨑先生からのご指導に加え、ペット・パートナーズでの研修も受けた卒業生を多数輩出しています。

本校では、「21世紀の人と動物のより良い関係づくり」を目標にして、専門教育という点では「人と動物の関係学」という科目を根幹に置き、関連する科目として「動物の福祉」「倫理」「動物との共生」などをテーマに据えています。そして、動物の「習性」「健康管理」「トレーニング」などに加え、「人と医療・福祉」に関してもある程度の知識・技術を備えられるようにカリキュラムが組まれています。さらには、NSGカレッジリーグ（新潟県下26校の専門学校グループ）の一員である強みを生かし、ビジネス教育を通じて、何よりも先に、常識ある社会人に成長できるように学生の皆さんを応援しています。

2013年に環境庁が作成した「災害時におけるペット救護対策ガイドライン」においてはペットとの同行避難が明記されました。これは動物福祉の観点のみならず、ストレスフルな状況での「動物の癒し」「動物との絆」が社会的にも見直され、また必要とされていることの現れではないかと思います。また、国際ペットワールド専門学校がある新潟においては、2011年に「新潟県動物愛護センター」、2012年に「新潟市動物愛護センター」と「新潟市動物ふれあいセンター」が設置され、合わせて、政令市では初の多頭飼育の届け出制も盛り込んだ「新潟市動物の愛護及び管理に関する条例」が制定されました。一方で昨今では、「AAA」「AAT」はもとより、「AAE（Animal Assisted Education：動物介在教育）」への関心が高まってきており、心を育てる教育の一環として、子どもたちに動物の気持ちを考える力や、彼らへの思いやりなどを身につけさせるためのプログラムが注目されています。

こうした社会情勢の変化に対応しつつ、動物が持つ素晴らしい力を最大限に発揮させられる人材を多く輩出していくことは本校の重要な役目であり、これら人材育成を通じてこれからも社会に貢献していきたいと考えております。

第9章

付録（CAPP活動）

CAPP活動（人と動物のふれあい活動）
Companion Animal Partnership Program

ＣＡＰＰ活動を主催している公益社団法人日本動物病院福祉協会（ＪＡＨＡ）は、１９７８年に動物病院を開設する獣医師を中心に創立しました。この協会の目的の一つは、動物病院を利用する人々のために、倫理、設備、管理、知識、技術の面で高い基準を設け、これらを遵守することです。会員はこれらの基準を達成するために常に世界の獣医学を学び実践し、地域社会の理解を深めるべく努力しています。同時に、広い意味での医学、自然科学、社会科学、人文科学を通じて、人と動物と環境の調和に貢献するいろいろな活動を行っています。

また本協会のもう一つの目的は、医学や獣医学を通して社会に貢献する活動を実践することです。そのため、ヒューマンアニマルボンド（ＨＡＢ）＝人と動物の絆の理念を大切にして、人と動物の双方の福祉とクオリティーオブライフ（ＱＯＬ）の向上を目指して、各種の社会活動（ＣＡＰＰ活動等）を推進しています。

CAPP活動

ＣＡＰＰ活動は、本協会が定める活動参加基準をクリアーした動物たちとその飼い主であるボランティアが各種の施設や病院、学校等を訪問し、動物介在活動、介在療法、介在教育を行うボランティア活動です。

ＣＡＰＰ活動の依頼があると協会本部又は最寄りの会員獣医師が、施設等へ出向いて双方の理念と条件を検討したうえで、本協会より発行する覚書を交換し、地元のチームの結成が可能であれば、全員獣医師等又は資格あるボランティアがチームリーダーとなって実施されます。

◎CAPP活動への参加

参加を希望される方は、本協会事務局に連絡をして、登録（入会、又はボランティア登録）します。

事務局から資料が送られ、活動を充分理解して頂きましたら、地方の方にはその地域のチームを紹介します。関東圏の方には、本会事務局で行われるボランティア講習会を受講します。その後に参加可能なチームと連絡をとり、活動場所に動物を伴わないで見学参加をします。更にチームリーダーと相談の上、2回目以後に動物と共に参加してCAPP活動参加基準に基づいたチェックを受けます。（動物を伴わないボランティアの参加も歓迎で、入会も可能です）

参加するボランティアと動物は、次のCAPP活動参加基準をクリアーする必要があります

◎CAPP活動参加基準（犬、猫）

CAPP活動参加基準（犬、猫）は、ボランティアのハンドリングや、動物のストレス、攻撃性などをチェックし、人も動物も安全に楽しく活動に参加することができるかを確認するものです。

参加するボランティア（飼い主）
参加する動物
→ 双方がクリアーできると、CAPP活動（動物介在活動）に参加することができます

この基準では、動物と飼い主の適性と技術のテストの他に、1年に1回の健康診断書の提出が必要です。但し、訪問先が病院の場合は、6ヵ月毎の健康診断書および腸内細菌検査結果の提出が義務づけられます。

◎CAPP認定基準（犬）

JAHA、CAPP認定基準より〔抜粋〕

はじめに

公益社団法人日本動物病院福祉協会では、社会の一員としてともに暮らしていくことができ、CAPP活動に参加する多くの動物たちの目標となる基準として、この「CAPP認定基準」をさだめました。

このテストは、訪問活動に対する飼い主と動物の適性、広義には人間社会で共に暮らし、社会参加するための適性があるかどうかを審査するものです。テストの内容自体は、訪問活動参加基準と同様のものですが、受験資格、判定基準等が異なります。

この基準に合格した動物と飼い主（ハンドラー）のペアーは、全てのCAPP活動に参加することができます。また、訪問先の要請によっては、単独で訪問活動を行うことも可能です。

多くの方に積極的にチャレンジして頂けることを望みます。

受験の手続き、受験資格、受験費用、受験に必要な書類、審査に使用する用具、審査に関する注意事項、試験結果の判定、合格後のリチェックと注意事項、合格後の活動への参加について（詳細は章末記載の問い合せ先に連絡してください）

■認定基準1〔実技試験の基準〕〔項目のみ抜粋〕

①社会人（飼い主）としての礼儀やマナーを身につけているか。
②犬を連れた人に会った時でも落ち着いていていられるか。
③人ごみの中でも落ち着いて歩くことができるか。
④控え室で他のボランティアや動物たちとうまく接することができるか。
⑤オスワリ、フセ、マテ、オイデができるか。

⑥全身を触られても落ち着いていられるか。
⑦CAPP活動中に適切な対応ができるか。
⑧必要に応じたクレートトレーニングができているか。

■認定基準2〔動物と飼い主に対する基準〕〔項目のみ抜粋〕
①人と動物との絆(Human Animal Bond)やCAPP活動について、他の人に正しく伝えることができ、本人も実践している
②日頃、近隣と仲良く暮らし、迷惑がられていない
③CAPP活動に、1年以上かつ10回以上参加している
④JAHAの会員である

◎CAPP認定基準(猫)
JAHA、CAPP認定基準より〔抜粋〕

■認定基準1〔実施試験の基準〕〔項目のみ抜粋〕

①社会人（飼い主）としての礼儀やマナーを身につけているか。
②見知らぬ人に出会ったときでも落ち着いていられるか。
③人ごみの中でも落ち着いて歩くことができるか。
④控え室で他のボランティアや動物たちとうまく接することができるか。
⑤全身を触られても落ち着いていられるか。
⑥ＣＡＰＰ活動中に適切な対応ができるか。
⑦クレート内で落ち着いていられるか。

■認定基準２〔動物と飼い主に対する基準〕〔項目のみ抜粋〕

①人と動物との絆（Human Animal Bond）やＣＡＰＰ活動について、他の人に正しく伝えることができ、本人も実践している
②日頃、近隣と仲良く暮らし、迷惑がられていない
③ＣＡＰＰ活動に、１年以上かつ10回以上参加している
④ＪＡＨＡの会員である

ＣＡＰＰ認定基準（犬）（猫）の試験は飼い主と動物が各々の項目を全てクリアーする必要があります。合格するとＣＡＰＰ認定パートナーズとしてＩＤカード等が配布され、動物介在活動・療法・教育の現場で働いたり、飼い主と共にペア単独で訪問活動をすることができます。この基準では1年1回の健康診断書に加えて、6ヵ月毎の腸内細菌のチェックが義務づけられています。

■CAPP活動を始めるに当たっての覚書の交換

ＪＡＨＡと訪問先の施設、病院、学校等と打合せの折に覚書を交わします。

◎CAPP活動マニュアル

ＣＡＰＰ活動は、次のマニュアルに従って行います

■CAPP活動マニュアル（主な項目）

①活動先との詳細な打合せ

②活動参加ボランティアについて
③活動動物について
④活動に必要な備品等の準備
⑤活動前ミーティングと活動前の動物のチェック、ボランティアとしての服装や行動について
⑥活動中に必要項目
ふれあいの方法（プログラム組み立て方）、ふれあい中の話題、ふれあい中の注意、事故防止の方法、取材撮影、活動時間、移動、守秘義務等
⑦活動後のミーティング（反省と次回の準備）
施設側、参加者、合同で行います
⑧感染症対策
⑨事故の対応と保険等
⑩訪問活動の再評価

◎ＣＡＰＰ活動に関わる保険

ＪＡＨＡではＣＡＰＰ活動について、以下の二つの保険に加入しています。いずれもＣＡＰＰ活動中の事故に対する保険です。

保険が適用されるためには、ＪＡＨＡのＣＡＰＰ活動として認定されていることが条件となりますので、活動予定の連絡と活動の報告は必ず行うようにお願いします。

・賠償責任保険
　被保険者：　公益社団法人　日本動物病院福祉協会

・障害保険
　被保険者：　ＪＡＨＡに登録された獣医師及びボランティア（補助者を含む）（ＪＡＨＡの会員になっていなくても、病院スタッフ、ボランティア等でＣＡＰＰ活動に従事していたという証明があれば被保険者扱いとなります）

1986年CAPP活動開始以来、現在まで1回も保険の適応例がなかったことは、細心の注意と、参加協力されるボランティアの方々、動物たちの大きな努力によるもので、この種の活動は全ての事故に責任を持てなくして、実施することはできません。

文責　(公社)日本動物病院福祉協会
　　　　相談役　柴内　裕子

これらの基準の全文及び評価試験の実施方法を希望される場合は、左記へご連絡下さい。

(公社)日本動物病院福祉協会
TEL　03-3235-3251
FAX　03-3235-3277
メール　capp@jaha.or.jp

おわりに・・・

これまでＡＡＡ、ＡＡＴコーディネーターという新しい仕事に関して様々なことを述べてきました。同時に、現状では、介在活動の歴史は長くとも、いわゆる職業としてＡＡＡ、ＡＡＴコーディネーターを見ることはたいへんむずかしい、ということも説明しました。今はまた正しいＡＡＡ、ＡＡＴ情報の普及を行うことが先決問題であり、それなくしては良質のプログラムをつくろうという意識を周囲に関係者等の間に定着させて行くことはできないのです。そのためにコーディネーターはプログラム作成の要約をつとめるよりもむしろ教育者、啓蒙者としてもうしばらく地域社会やその中の各集団に向けての情報発信に専念して行かなければならないのでしょう。病院、施設、愛護団体、学校、ボランティア組織、医師、獣医師、各種療法士の団体等々啓蒙の機会は社会のありとあらゆる所にあるように思えます。そのような場所や集団が情報を欲していることを耳にしたら一早く自らをＡＡＡ、ＡＡＴの情報屋として「売り込んで行く」ことを心がけて行かなければならないのです。またその際にコーディネーターは人間と動物双方の利益を理解できる視点に自分をおかなければならないのです。人間の福祉と動物の福祉相方が成り立たなければAAA、AATは決してやるべきではありません。この二つは相反するものではなく、原始の血の説でも語られているように「連動」するものなのです。どちらか一つをもう一方のために犠牲にする、ということなどは決してあり得ないのです。この概念だけはあらゆる方面の人々にまず最初に理解してもらわなくてはならないことです。

とは言ったものの、ほとんどの場合人間の人権の保障はまずまちがいなくされています。動物が嫌いな患者を無理にAAA、AATプログラム参加させるようなことを病院は決してすることはないでしょう。しかし残念なことに動物側に関する配慮がかけている場合はしばしばあるのです。むろんどの施設などでも動物達を大切にしなければ、という気持はあるでしょうし、それ自体を疑ったり、嫌がる動物を無理に連れてきてほしいなどということもまずないでしょう。でも、もしレクリエーションに出てくる集団が大きすぎて動物には負担である故に数を減らしてほしい、もしくは触れ合うことなしに「芸」などの見物だけにしてほしい、と言ったら施設はすぐに納得するでしょうか。「たいへんなのはわかりますが」……あるいは「入居者達も楽しみにしていますので」……等々と言いながら動物側に少しがまんしてもらえないだろうかという主旨のことを言われる場合は決して少なくないのです。また複数の動物による訪問を希望し、適性のあるものがそれほど地域にいない、と話しても、では多少妥協しては、などと言ってくるところもなきにしもあらずです。これはコーディネーターとして絶体に許してはならないことなのです。活動を受け入れる人間医療側に医療体制、人権等で妥協できない点が数々あるように、動物側にとっても人数、時間、適性等々妥協できない点が幾つもある、ということを人間本位の社会で生きてきた者達に説明することは至難の技かもしれませんが、それはかならずやらなければならないことなのです。時には長年の経験を有する、社会的地位の高い人間医療の専門家にこの点を納得させなければならないこともあるでしょう。これは表面的な言葉や理論では決して成功しません。人と動物の共存、そしてその中でおこる相互作用の根底を流れるものの本質をコーディネーター自らが理解し、消化し、かつ納得し切っていなければ決してできるものではありません。それ故にコーディネーターを本当に目指す人間は頭と体、そして心を同時に共存という目標に向けて日々教育し続けて行かなければならないのです。

楽しくもあり、苦しくもあるコーディネーターへの道程、貴方はどのように歩んで行くつもりですか。

執筆協力

(社)日本動物福祉協会　獣医師　山口　千津子

(学)国際ペットワールド専門学校　副校長　平原　法子

(社)日本動物病院福祉協会　相談役　柴内　裕子

人と動物の関係に関する国際機構(IAHAIO)

会長　レベッカ・ジョンソン

装丁・デザイン：有朋社

【著者略歴】
山﨑恵子 Keiko Yamazaki

昭和29年3月1日生
国際基督教大学(ICU)人文学科卒業
優良家庭犬普及協会　常任理事
日本介助犬アカデミー　常任理事
米国ペット・パートナーズ　インストラクター
ペット研究会「互」主宰
医療法人 雄心会 山崎病院　嘱託
AAT・コーディネーター

●著書
「ペットが元気をつれてくれる」(講談社)
「ペットのしあわせ　わが家がいちばん」(青木書店)
「ペットの死、その時あなたは」共著(三省堂)
●翻訳書
「ドッグス・マインド」ブルース・フォーグル著
「キャッツ・マインド」ブルース・フォーグル著
「人と動物の関係学」ウォルサムブック
その他、多数

アニマルセラピー実践
～その構築に関わるコーディネーターの役割～

2014年4月8日　第1版第1刷

著　者／山﨑恵子
発行所／㈱ウイネット
代表者　齋藤　進
新潟市中央区弁天3-2-20弁天501ビル
〒950-0901　TEL025-246-9172
発売所／㈱星雲社
東京都文京区大塚3-21-10
〒112-0012　TEL03-3947-1021
印刷・製本／㈱有朋社

ISBN978-4-434-18996-8　C3036